ムダの片づけ方

SOGO HOREI PUBLISHING CO., LTD

プロローグ　捨てると、拓く。

手っ取り早く人生を変えたければ、捨てることだ。

綺麗事《きれいごと》を抜きにすると、捨てることによってしか人生は拓けないのだ。

たとえば、今交際している相手と一緒にいても幸せを感じられないとしよう。

その場合、騙《だま》し騙し、いろいろ手を尽くしてみても、やっぱり限界がある。

どんなに手を尽くしてみたところで、根っこの部分で愛が冷めてしまっているのだから、虚《むな》しさが募るばかりなのだ。

自然の摂理《せつり》に反した行為は、絶対、必ず、１００％の確率であなたの人生を不幸にするのだ。

あなたの人生が不幸続きだということは、自然の摂理に反したことをしてきた結果なのだ。

ここは一つ、思い切って、今交際している相手を捨てることだ。

あるいは、上手に嫌われて自分が捨てられることだ。

これ以外で、本質的に人生を変える方法はないのだ。

これは恋愛に限らず、仕事はもちろんのこと、人生全般にも当てはまる。

私も人生のある時期まで捨てるのが大の苦手で、気がついたらつい抱え込んでしまうタイプの人間だった。

ところが、「もうこれ以上、抱え込むことができない！」となったとき、パチンと何かが弾けた。

そして抱え込んでいたものを捨ててしまった瞬間、「ついにこれで終わったな」と思った。

ところが、現実は違った。

私の想像とは違い、その瞬間、驚くべきことが起こった。

何と、何も変わらなかったのだ。

それまで自分は断崖絶壁《だんがいぜっぺき》で枝にしがみついていて絶体絶命だと思っていたのに、しがみついている手を放したら、とっくに地面に足がついていたのだ。

それ以降、私は捨てることの虜《とりこ》になった。

壁にぶつかって道が拓けないのは、何かを抱え込んでいるからなのだ。

何か捨て足りないものがあるからこそ、道が拓けないのだ。

迷ったら抱え込むのではなく、手放す人生を選ぼう。

2016年11月吉日　南青山の書斎から　千田琢哉

第1章　ムダな思考の片づけ方

第2章　ムダな物の片づけ方

第3章　ムダな人間関係の片づけ方

第4章　ムダな時間の片づけ方

ブックデザイン：土屋和泉
写真：Konstantin Faraktinov／shutterstock

第1章　ムダな思考の片づけ方

01

今さらじっくり考えない。

人前でじっくり考え込んでしまう人がいる。

人前でじっくり考え込んでしまう人は、人生でかなり損をしている。

もしあなたがセールスをされている時であれば、じっくり考えることによって言いくるめられてしまう可能性が高い。

セールスをしている相手にとって、獲物である客に**「考えさせる」ということは、主導権を握るということだからである。**

先輩や上司が「自分の頭で考えろ！」とあなたに発破《はっぱ》をかけてくるのは、あなたを育てようとしているからではない。

あなたに考えさせることによって、先輩や上司は自分が主導権を握ろうとしているのだ。

これが今まで誰も教えてくれなかった、ありのままの現実なのだ。

先のセールスの話に戻すと、「考えさせられた」客は、まるで生徒のように立場が下になる。

無言のプレッシャーで「まだ考えがまとまらないの?」「お前は決断力がない」「頭の回転が鈍い」と言われているようで、ますます客のポジションが低くなってしまう。

もちろん、セールスをする側にとってこれは想定の範囲内であり、マニュアル化されている。

客が謝る必要など毛頭《もうとう》ないのに、「すみません。少し検討させていただいてよろしいでしょうか?」と頭を下げる始末だ。

これをやってしまうと、セールスをする側を「では、いつまでに決断されますか?」とつけ上がらせてしまう。

以上は、セールスを受けるシーンだけではなく、人生のあらゆる場面で遭遇《そうぐう》することだ。

あなたがいつも相手に主導権を握られて、いつも誰かに人生をコントロールされてしまうのは、じっくり考える姿を他人に見せるからだ。

今さらじっくり考えたところで、何も始まらないのだ。

私は取引先の金融機関から「このたびはお客様だけに特別の話」の電話があっても、相手のセールストークが始まる前に「あ、間違えた」とだけ言って、電光石火《でんこうせっか》の如く受話器を置く。

現在の書斎は、飛び込みセールスが絶対に入れないよう、何重ものセキュリティーがかかっているが、それ以前は、自宅にセールスがやって来た場合は、「あ、間違えた」とだけ言って、電光石火の如くドアを閉めた。

それ以外でも、こちらに決断を迫ってマウンティングしようとする小賢《こざか》しい格下の人間がいれば、一方的に話を打ち切って中座する。

じっくり考えるのは、誰も見ていない孤独の時間に済ませておくべきだ。

人前でじっくり考える姿を見せるのは、電車の中で化粧直しをするのと同じく、恥ずかしいのだ。

じっくり考える姿を他人に見せるのは、愚かしいこと

02

悪い頭で考えるより、頭のいい人の考えをどんどんパクる。

私はこれまでに1万人以上のセールスパーソンと仕事をさせてもらってきたが、とりわけ仕事ができる人たちに共通して見られる傾向があった。

それは、**どんどんパクる**ということだ。

パクると聞くと顔をしかめる人がいるかもしれないが、この世の中のすべてはパクリから成り立っていると考えていい。

ご存知のように、飛行機は自然界の鳥類の特性をパクったものだし、コンピューターは人類の頭脳の特性をパクったものだ。

それどころか、芸術作品も先人の作品を必ずどこかでパクっているし、市場に出回って販売されている商品は、純度100％のパクリの集大成だ。

「いや、うちは独自性で勝負しています！」とふんぞり返ってのたまう人は、揃いも揃って頭が悪くてちゃんとパクり切れずに出遅れた人ばかり。

パクるということは恥ずかしいことではなく、進化のために、神が我々人類に授けてくれた本能なのだ。

もちろん、パクり方にも最低限のマナーがあり、少なくともどこかでオリジナルを超えているところがあることが大切だ。

あるいは、オリジナルを超えようとした努力の痕跡《こんせき》が大切だ。

それがパクる側のマナーであり、パクらせてもらったオリジナルに対しての恩返しなのだ。

もちろん、自分でパクった分はいずれ他の誰かからもパクられる。

お互い様なのだから、あなたが文句を言う筋合いはないだろう。

ここで大切なことは、パクった相手がオリジナルのあなたを超えて出世した場合である。

現実の社会やビジネスでは、こうした現象は非常に多く見られる。

経営学の教科書通りに、「市場一番乗り」が必ずしも有利とは限らず、二番煎《せん》じや三番煎じのほうが圧倒的な地位を築くことのほうが多いくらいだ。

オリジナルであるあなたが相手にパクられて超えられたということは、初めから相手のほうが格上だったということなのだ。

もう少しわかりやすく説明すると、あなたは相手を出世させるための〝踏み台〟として束《つか》の間《ま》の成功を味わうことができただけなのだ。

これが自然の摂理であり、この世は揺るぎない弱肉強食が淡々と繰り返されるのだ。

自分の頭が悪いと思うなら、つべこべ言わず頭のいい人の考えをパクることだ。

本やセミナーで「ビビッ!」ときたことは、すぐに試してみることだ。

もちろん、そのままやっても上手くいかないどころか、逆に悪くなってしまうことのほうが多い。

だからこそ、あなたはそこに1%でもオリジナリティを付加するべきなのだ。
1%のオリジナリティとは、あなたの長所や短所に関係することが多い。

最低限のマナーを守って、どんどんパクろう

03

ロジックとは、再現性のこと。

ロジカルシンキングが浸透してすでに久しいが、使いこなしている人は少ない。もしロジカルシンキングを使いこなしている人が増えたのであれば、日本の経済はもうとっくに回復しているはずだし、政治問題も次々にロジカルに解決できているはずである。

ところがそうなっていないどころか、むしろ退化しているように見えるのはなぜか。

それはロジックを理解しようとする人が増えたけれども、実際にはロジックという単語を憶えただけで、意味はまるで理解できていないからである。

コンサル時代も含めて、私は欧米のトップMBAホルダーたちからロジカルシンキングの講義を何度も受けてきたが、そこでハッキリしたことは、講師をしている彼ら自身がロジックとは何かを理解していないという衝撃の事実だった。

彼らの大半の出身学部は文科系であり、MBAといっても所詮《しょせん》文科系の経営学に過ぎず、様々な学問の寄せ集めの雑学なのだ。

同じ文科系でも、よりハードで理科系に近い経済学部出身者や、理学部で数学や物理学を専攻し、それらの博士号を取得した人からロジックの話を聞いたほうが遥かに学ぶものは多いのだ。

彼らはロジックのためのロジックではなく、日々ロジックを使いこなし、全身の細胞に浸透させている点で人種が明らかに異なる。

私が衝撃を受けたのは、経済学博士や数学博士、物理学博士たちによるロジックの講義だ。

彼らはMBAホルダーと呼ばれる人々とは違い、美しくシンプルな日本語でロジックとは何かをサラリと教えてくれたのだ。

ロジックとは、再現性のことだ。

再現性とは、同じことの繰り返しのことだ。

同じことをひたすら別の表現で繰り返し、反論の余地を与えないのがロジックなのだ。


数学も物理も、計算式で最も多く登場するのは「＝」だ。

問題解決するために式を立てるということは、「＝」で左右を繋ぐということだ。

「＝」で繋げなくなった瞬間、それはロジックが破たんしたということなのだ。

最後まで無事に「＝」で繋ぎ続けることができたら、それがロジックであり、ロジカルシンキングができたということなのだ。

最後まで「＝」で繋ぎ切ったら、それは再現性があるということだ。

日本人でも、中国人でも、アメリカ人でも、インド人でも、イギリス人でも再現できるのだ。

あなたの人生の〝成功の方程式〟を編み出すということは、再現性があるということだ。

ここだけの話、自分の人生の〝成功の方程式〟を見つけたら人生は勝ちだ。

真のロジカルシンキングとは何かを理解しよう

04

複雑に考えるということは、頭が悪いということだ。

小学生の頃から、ずっと算数が苦手な人がいる。

数字を見ただけでパニックになり、図形を見ると逃げ出したくなる。

やや複雑な文章問題になると、もはや思考停止状態に陥り、気を失いそうになる。

なぜこんなことになるかといえば、**物事を複雑に考えるからだ。**

算数の問題は、そこに潜んでいるロジックを洞察《どうさつ》することだ。

Ａ＝Ｂ、Ｂ＝Ｃということが証明できたら、それはＡ＝Ｃだということがわかる。

Ａ＝Ｂ、Ｂ≠Ｃということが証明できたら、それはＡ≠Ｃだということがわかる。

以上のロジックを、様々な数字や記号を使って解かせるのが算数の問題なのだ。

これは、国語の評論文も同じである。

評論文は、「著者の主張」と「たとえ話」の繰り返しだ。

「著者の主張」＝「たとえ話」のパターンか、「著者の主張」≠「たとえ話」のパターンしか存在しない。

今、自分が読んでいるのは、「著者の主張」なのか、「たとえ話」なのかを意識すると、もうそれだけであなたの読解力はグンとアップする。

そして「たとえ話」を読んでいる場合は、「著者の主張」と「＝」なのか「≠」なのかだけを意識していれば、その評論文を大きく読み間違えることはない。

こうして、複雑に考えるのではなくシンプルに考えると、「やってみよう」とか「自分にもできそうだ」と思えないだろうか。

学ぶということは、そういうことなのだ。

いかに本質を掴《つか》んで手抜きをするかを考えることが、勉強なのだ。

たとえば、仕事が抜群にできる人を一度じっくり観察してみよう。

その人は、手抜きが卓越《たくえつ》して上手いことに気づかされるはずだ。

手抜きができるからこそ、素早く仕事を片づけて余った時間で勉強し、より手抜きをしてスピードアップさせることができるというわけだ。

すでに述べた算数や国語のシンプルなロジックを洞察するのと同じで、**仕事でも必ずそこにはシンプルなロジックが潜んでいるものだ。**

私はコンサル時代の企画書やプレゼンや講演は、すべて算数と国語の問題を解くコツと同じく、ロジックをひたすら淡々と繰り返してきただけだ。

具体例を入れ替えながら同じことを淡々と繰り返すだけで、人とお金がどんどん集まった。

そして、今の執筆でもこれは同じだ。

私の本すべてを読み返してもらえばわかるが、「私の主張」と「たとえ話」しか書いていない。

私の本は、算数や国語に忠実に基づいており、「＝」を延々と繰り返しているだけなのだ。

物事に潜む、シンプルなロジックを読み解こう

05

相対性理論とは、「退屈な時間は長く、楽しい時間は短い」ということ。

「退屈な時間は長く、楽しい時間は短い」

アインシュタインは、相対性理論の説明を求められた際にこう答えた。

本当に物事を理解しているということは、小学生にもわかりやすく説明できるということなのだ。

あなたは自分の仕事において、お客様に説明する際に、ちゃんとわかりやすい言葉で説明できているだろうか。

お客様を理解させられない自分の無能さを棚に上げて、「あのお客様は頭が悪い」と間違った方向に考えてはいないだろうか。

未だに役所などでは、なかなか理解できないお客様に対して、「先ほど申し上げました通り……」「さっき言いましたよね？」とやらかしている職員を見かけることがある。

免許更新の際の窓口でも、ノンキャリ警察官が面倒臭そうに横柄《おうへい》な対応をしていることも多々ある。

誠に申し上げにくいが、お客様はその職員よりも遥かに学歴も年収も社会的地位も上回っている可能性が高いのに、いったいどれだけつけ上がれば気が済むのだろうか。

私が新卒で入社したのは損害保険会社だった。

あなたもご存知のように、損害保険の仕組みや契約内容はとてもわかりにくい。

ここ最近は、イラストなどを駆使して、かなりわかりやすく説明をするようになったようだが、それでも自分の契約内容のすべてを把握している契約者はほとんどいないだろう。

今から約10年前に、保険業界は、この〝わかりにくさ〟に便乗して起こした「膨大な保険金不払い問題」が発覚し、これは社会的大問題に発展した。

お客様が保険料を支払ったのに、それに対する保険金がもらえないというのは、業界全体が〝振り込め詐欺〟集団だったというわけだ。

学校秀才比率の高いこの業界は、手練手管《てれんてくだ》を駆使して言い訳をして逃げようとしたが、世論が断じてそれを許さなかった。

危うく業界全体が世論に抹殺《まっさつ》されそうになったが、かろうじて延命することができた。

私はその頃は、とっくにコンサル業界に転職していたが、「つくづく自然の摂理に則っている」と深く感心したものだ。

私が保険業界にいた頃に感じていた、「この業界は見方を変えれば詐欺集団ではないか」という疑問がそのまま的中したからだ。

昔の保険業界に限らず、複雑なことをわかりにくく説明するのは頭が悪い証拠なのだ。

お客様はお金を払っているのだから、もう少し頭を良くしてわかりやすく説明しろというものだ。

相対性理論ですらわかりやすく説明できるのだから、できないはずがないのだ。

どんな物事でも、シンプルにわかりやすく説明できるはず

06

理解できないことは、理解できない。

ここでは衝撃の真実を公開したい。

それは、**理解できないことは、もはや一生かけても理解できない**ということだ。

頭の悪い人の特徴として、「頑張れば誰でもできるようになる」という思い込みがある。

思い込みというより、負け惜しみと呼ぶほうが現実に近い。

たとえば、不良や暴走族の中には、「頑張れば誰だって東大に入れる」と真顔で叫ぶ人間がいるが、もちろんそれは負け犬の遠吠《とおぼ》えである。

これから10年間、完璧な環境で勉強させれば、ひょっとしたら0・1％くらいはそうした人物も出現するかもしれないが、基本的に悪い頭は良くならないものだ。

どうして彼らが不良や暴走族になったかといえば、家庭環境が原因でもなければ学校教育の質が悪いからでもない。

家庭環境が劣悪《れつあく》でも、水準以上の頭脳の持ち主なら不良にならないし、彼らと同じ学校に通う同級生は、まともな人生を歩んでいる比率のほうが高い。

本当に幸せを獲得したければ、こういう美しき誤解をしてはならない。

どうして不良や暴走族が生まれるかといえば、理由はハッキリしている。

彼らはもともと頭が悪いから、小学生の頃から授業についていけなかったのだ。

普通にしていては同級生からバカにされるし、わからない授業を聞いていても毎日が退屈で仕方がない。

彼らが不良や暴走族になったのは、それ以外の理由など何もないのだ。

いくら彼らが落ちこぼれないように補習しようが、自宅で半強制的に長時間勉強させようが、理解できないものは理解できないのだ。

どれだけ勉強しても自分が理解できないことに、彼らは幼少の頃から本能的に気づいているのだ。

だが、どれだけ頭が悪かろうが、落ちこぼれだろうが、やはり人間である以上認められたいという本能は健在だ。

否、むしろ落ちこぼれだからこそ人一倍コンプレックスが強く、認められたいという欲望は強いはずだ。

その結果、同じく落ちこぼれ同士で群れて徒党《ととう》を組んでいるのだ。

翻《ひるがえ》って、あなたはどうだろうか。

どれだけ勉強しても、どれだけ時間をかけても、人の頭脳には生まれつき明確な序列があり、理解できないことは永遠に理解できないという現実を直視できるだろうか。

本気で幸せになりたければ、自分が理解できそうな分野の勉強をすることだ。

自分が理解できそうな分野を掘り下げ続ければ、それがあなたの勝負すべき土俵になるのだ。

まずは、自分が理解できる分野を探してみよう

07

嫌なことがあったら、堂々とふて寝すればいい。

あなたは嫌なことがあったら、思わずふて寝したくならないだろうか。
ふて寝することは悪いことではない。
ふて寝は神が我々に与えてくれた、素晴らしい問題解決方法なのだ。
どうして我々は嫌なことがあったら、ふてを寝したくなるのか。
それは嫌なことがあったら、ふて寝をすることが自然の摂理に則っているからである。
睡眠中に我々の身体は進化し、起きると毎回バージョンアップしている。

体の疲れは取り除かれるし、脳みそもリフレッシュしている。

それだけ、睡眠は無敵の問題解決方法だということだ。

怪我を負ったり病気になったりした野生の動物たちを観察していると、ひたすら寝ていることに気づかされる。

野生の動物には学校も教科書も病院もないのに、本能的に、寝ることが一番の問題解決方法であるということを知っているのだ。

私も何か問題が発生したら、とりあえず眠る。

眠っている間は、少なくとも問題はこの世に存在しないのと同じだから、すでに問題解決されているとも言える。

現実というのは、頭の中で自分が認知しているからこそ現実なのであり、もし自分の頭の中に存在しなければ、それは現実でも何でもないのだ。

あなたも何か問題が発生したら、今、その瞬間にできることはすべてやった上で昼寝をすることだ。

もうやることはやったわけだし、いくら気を遣ったところで何も問題は解決しないのだ。

以上のテクニックを私が学んだのは、日本の官僚からだ。

これは決して貶《けな》しているわけではないことを予め強調しておくが、官僚たちは問題の先送りがとても得意だ。

自分たちに都合の悪いことがあればすぐにペンディングにし、マスコミや国民が騒ぎ疲れるのを、ひたすら忍耐強く沈黙して待つ。

すると、記憶力の悪いマスコミや国民の騒ぎはすっかり落ち着いて、自分たち官僚が最小限の被害で済むタイミングがやってくる。

否、それどころか放っておいたら世界情勢が一変し、忘れた頃に問題が解決してしまうこともある。

これに気づいた私は、「よっしゃ、これでいこう!」と強く誓った。

問題解決をしてくれる最大の武器は時間であり、時間をどのように味方につけるかが勝負だ。

嫌なことがあったらとりあえず寝るというのは、時間の使い方としては頂点なのだ。

睡眠を駆使して、時間を味方につけよう

08

他人の噂で盛り上がらない。

私は、昔から他人の話題で盛り上がるのが嫌いだった。

それは悪口ばかりではなく、どこか遠くの成功者の話題で盛り上がるのも含めてである。

どうして、せっかくお互いの寿命を削りながら会っているのに、その場にいない人間の話題で盛り上がらなければならないのか。

それなら、その話題にのぼっている本人と直接会えばいいのだ。

話題にしている本人とはレベルが違い過ぎて会えないから、低レベル同士で群がって騒いでいるだけなのだ。

そんな人生は虚しくないだろうか。

どうせなら、噂をする側ではなく、噂をされる側の人間になったらどうだろう。

この世の中は、**噂をする側の人間は貧しく、噂をされる側の人間は豊かだ。**

なぜそうなるかといえば、それが自然の摂理に則っているからである。

あなたも噂をしたことがあれば容易に理解できると思うが、噂をしていると口からエネルギーを発散してしまい、行動する余力が残されていなかったのではないだろうか。

そして、噂をするグループのメンバーは、どいつもこいつも小粒人間ばかりで、どう考えても将来何か大きなことを成し遂げるような面子《めんつ》はいなかったはずだ。

つまり、無能な連中がいくら群がって騒いでいたところで、何も生み出さないということなのだ。

これに対して、噂をされている人たちはどうだろう。

いつも何かに挑戦しており、すでに成功者であることも多いが、まだ成功していない場合は、世に出るのはもはや時間の問題という感じではないだろうか。

どうして噂をされる側が夢を次々に実現させるかといえば、噂話が好きな人たちが噂話をしている時間に、粛々《しゅくしゅく》と動くからだ。

噂話をしないだけで、時間はいくらでも生み出せるのだ。

人生から噂話の時間を削除するだけで、もはや時間不足ということはなくなるのだ。

これは大袈裟《おおげさ》な話ではなく、噂話をしている時間というのは本当に途轍《とてつ》もなく長いのだ。

噂話が好きな人たちは、起きている時間の大半を他人の噂話で過ごしていると考えていい。

つまり、他人の噂話で人生の大半を費やしてしまい、自分は何事も成し遂げることなくそのまま死んでいくのだ。

他人の噂で盛り上がるということは、同時に「自分たちは噂をされるほどの人間ではありません」と自らを洗脳しているということだ。

つまり、自己評価が極めて低い証拠であり、全身の細胞に「私は価値の低い人間です」というメッセージを送り続けるということなのだ。

噂話ほどあなたの時間を奪い、成長を妨げるものは存在しない。

噂話がいかに人生の無駄なのかを理解しよう

09

夢は吹聴《ふいちょう》すると、叶わない。

もしあなたが本気で夢を叶えたければ、私も本気であなたに伝えたいことがある。

それは、あなたの夢をあちこちで吹聴しないことだ。

なぜなら、あなたが夢を吹聴し続けると、必ず「そんなの無理だ」とか「常識で考えておかしいと思わないの?」と諭《さと》されるからだ。

次第にあなたも、「確かによく考えれば無理だよな」とか「確かに常識で考えておかしいよな」とお利口さんになってしまうのだ。

それだけではない。

あなたの夢を聞きつけたライバルが、あなたの夢が叶わないように、あの手この手で完全犯罪の如く邪魔をしてくるのだ。

本当のことを教えてくれる人はあまりいないが、これは非常に多いから注意が必要だ。

たとえば、私は社会人の最初の頃から、現在のように将来は本を書いて生きていくと決めていた。

コンサル時代には、もう夢が叶いかけていたから、かなり精神的にも安定していた。

当時、私のチームには幸運にも社内選《よ》りすぐりの優秀なメンバーもおり、私の文章力や原稿の完成度は彼のお墨付《すみつ》きだった。

しかも、私のチームではなかったが、身近に出版に詳しいコンサルタントがいて、これはもう時間の問題だと思い、どこの出版社から本を出そうかと迷っていたくらいだ。

ところが、身近にいた人間ほど、いざとなったら邪魔をしてくるものだ。

直接邪魔をしてくるのではなく、空気のように間接的に邪魔をしてくるのだ。

結局、私は会社のコネを使った出しやすい出版社からではなく、文字通りチームワークによって、ブランド力も規模も、より大きな出版社から処女作を出すことができた。

具体的には、26社の出版社にA４一枚の企画書を同時に送ったところ、24時間以内に5社から、１週間後に1社から「うちから出さないか?」と声がかかった。最初に声をかけてくれた出版社から出すことが決定し、めでたく増刷を何度も重ね業界内でヒットした。

当然、仕事のステージは跳ね上がり、会える人材のレベルも段違いになった。

社内のコンサルタントたちは顔が引きつり、傍観《ぼうかん》していた件《くだん》の出版に詳しいコンサルタントに「どうしてひと言俺に相談してくれなかったんだ!」とシャウトされた。

あまりにも想像通りの反応で、思わず笑ってしまった。

彼からは、私が独立して出版が軌道《きどう》に乗りかけた頃にも何度か連絡があったが、私は返事をしていない。

私に便乗しようとして、自分の手柄にしたがる姿が目に見えるからだ。

少しでもライバル関係にある相手には、安易に夢を語らないほうが絶対にいい。

夢は自分の中だけで熟成しよう

10

本命を愛し続ける。

浮気をすると効率が悪い。

それは、あれこれ気を遣って思考が遮《さえぎ》られ、人生で最大の資源である時間が奪われるからだ。

たとえば、口に出すかどうかは別として、愛人を持つことに憧れを持つ人は多いが、その意味を理解している人は少ない。

愛人を一人持つと、時間とお金が2倍必要になると思ったら大間違いだ。

実際には4倍必要になる。

人間というのは、無機質な人形と違い感情があり、なだめたり隠蔽《いんぺい》工作をしたりするためには、膨大な時間とお金を必要とするからだ。

それに愛人には「君は愛人ではなく、本命だ」と、何度も言葉のシャワーを浴びせ続けなければならず、与えるマンションや宿泊先のホテル、レストランでの食事も、本命以上にグレードの高いものが求められるのだ。

これが、愛人を二人持つとなれば、時間とお金は9倍必要になるわけだ。

年収1000万円程度あれば、本命一人を幸せにするには十分だが、愛人二人を抱えて同様に満足させたければ、あなたは自由時間だらけで最低でも年収1億円は必要になる。

愛人を抱えるためにお金持ちを目指し、それを実現させた成功者を私は複数知っている。

愛人たちもそれで納得しているようだから、それはそれで本人たちの自由だと思う。

だが多くの人にとっては、時間的にも経済的にも愛人を抱えるのは不可能だ。

いわゆる「戦意」はあっても、肝心な「戦力」がないというやつだ。

戦力がないのだから、無謀なことをして人生を棒に振るべきではない。

分相応《ぶんそうおう》に本命を愛し続ける、まっとうな人生を歩むべきなのだ。

本命を愛し続ければ、時間とお金は一点に集中できるから効率もいい。

一点集中して愛し続ければ、本命からも同様に愛情が返ってくる可能性が高い。

これが、自然の摂理に則っているということだ。

以上は、何も人に限った話ではない。

自分が仕事で使う道具も、あれこれ浮気していると、すぐに物が溢《あふ》れて片づかなくなる。

ところが、本命の物をこよなく愛して使い続ければ、物の少ない状態が維持されるから仕事にも集中できる。

それどころか、各本命一筋の道具しか所有しないから、お金もかからないし、片づけの時間も奪われない。

現実はどうかはわからないが、本命の物をこよなく愛し、長年使い続けている人を見ると〝人を大切にする〟というイメージが鮮明にできるのだ。

人生は限られているのだから、私は昔から最小限の人や物だけをとことん愛し続けている。

人も物も、本命一筋がいい

第2章　ムダな物の片づけ方

11

迷っている物を捨てるのが、片づけだ。

文字通り、履いて捨てるほど「片づけ本」が世に溢れている。

これは洒落《しゃれ》ではなく、「片づけ本」をまさに片づけなければならないくらいだ。

そんな中で、何を捨てて何を残せばいいのかを迷っている人が多い。

現実には、それぞれの本にはいろいろ書いてあるのだろうが、「そうは言っても……」と迷っている人がたくさんいるわけだ。

片づけとはズバリ、迷っている物を捨てるということだ。

それが片づけの本質なのだ。


よく考えてもらいたい。

あなたは迷っているからこそ、捨てられなかった物で溢れ返っているのだ。

だから、迷っている物を片づけなければ、これまでの人生は何も変わらないのだ。

そして、迷わず「これは必要」という物だけを残せば、あなたのデスクや部屋には最小限の物が残る。

これが、あなたにとって最高の状態なのだ。

たとえば、会社のデスクを整理したければ、「これだけは絶対に捨てられない」という物だけをまず移動させる。

それ以外は、全部捨ててもいいということだ。

「でも、これはできれば持っていたほうがいいし……」という物は、不要なのだ。

なぜならば、絶対に捨てられない物以外は、心のどこかで迷っている証拠だからである。

絶対に捨てられないということが、迷わないということなのだ。

私はコンサル時代、デスクの上は物がゼロだった。

なぜなら、絶対に必要な物など何もなかったからだ。

顧客情報などの極秘情報でプリントアウトしたものは、引き出しの中に入れて鍵をかけておけばいいし、プリントアウトする必要がないものは、パソコンのシークレットフォルダーに放り込んでおいた。

筆記用具などはいつも自分で持ち歩いていたし、ハサミやセロハンテープ、ノリなどもスカスカの引き出しの中に余裕で収納することができた
独立した現在も、デスクの上には何もない。

デスクの上には何もない状態が、私の人生のスタンダードになっている。

余計な物が何もないから、最初から何がないのかが自分が一番よくわかっている。

だから、もし必要な物が生じたら探す必要はなく、すぐに取り寄せればいい。

コンビニにあればわずか数分で手に入るし、通販でも早ければ当日、遅くとも翌日には届く。

「絶対に捨てられない」ものだけを残せば、綺麗に片づけられる

12

物を捨てられない人は、物を大切に扱っていない。

物をなかなか捨てられない人は、物を大切に扱っているわけではない。

物を粗末《そまつ》に扱っている人が、物を捨てられずに抱え込んでしまっているのだ。

なぜなら、**物を大切に扱うということは、ちゃんと物を使ってあげることで使命をまっとうさせてあげることだからである。**

物は持ち主に使い込んでもらうためにこの世に生まれてきたのであり、使わずに忘れ去られたまま埃《ほこり》を被るために生まれてきたのではないのだ。

もしあなたが物だったら、この物の気持ちがよく理解できるはずだ。

私は、どんな物でも、それより使いやすかったり馴染《なじ》みやすかったりする物と出逢うと、すぐに入れ替えるようにしている。

そうすると、常に心の底から第一志望の物だけを使い続けることができる。

それではこれまで使っていた物がかわいそうだと思うかもしれないが、そうではない。

なぜなら、これまで使っていた物はこれまでずっと第一志望だったわけだし、これまで使っていた物のおかげでより良い物に出逢えたからである。

これまで使っていた古い物は、次の新しい物と繋がっているのだ。

それに、私がより良い物に出逢うタイミングというのは、いつも決まっているのだ。

それは、「よく見るともうそろそろコレも寿命だったなぁ」と実感できるタイミングだということだ。

ちょっと不思議な話になってしまうが、これまで使い込んでいた物が、次のより良い物を運んできてくれたのではないかと思えるのだ。

換言《かんげん》すれば、**次のより良い物に出逢わないということは、まだ今使っている物が**

使えるということなのだ。

私は幼少の頃から物持ちがいいと言われ続けてきたが、今でもそれは変わらない。

幼少の頃には、当時20円のガチャポンで出てきたゴムのオモチャを何年も大切に持っていて、感激のあまり祖母に泣きつかれた記憶がある。

この時も、真っ黒に汚れていたそのオモチャを、「いい加減捨てなさい」と言われて、当時100円のガチャポンで出てきた新しいゴムのオモチャに入れ替えた。

どうやら私は、放っておくと永遠に同じ物を大切にし続ける質《たち》なのだ。

「三つ子の魂百まで」というのは、まんざらでもないようだ。

だが同時に、物は所詮消耗品であるという事実を理解しておくことも大切だ。

消耗品である限り、必ずいつかは使えなくなるというわけだ。

それなら醜い姿になる前に、ちゃんと捨ててあげるというのも、大人としてワンランク上の愛ではないだろうか。

少なくとも私はそうすることによって、年々充実した人生を送ることができている。

物を大切にし、とことんまで使うことで捨てることに抵抗がなくなる

13

物を捨てられない人の運が悪いのは、執着を手放さないから。

巷《ちまた》に溢れ返る「片づけ本」に書かれている内容には、こんな共通点もある。
それは、**片づけると運気が上昇する**ということだ。
もちろん表現の違いは多少あるものの、本質的には同じことだ。
私はこれを否定する気はないし、むしろその通りだと賛同しているくらいだ。
現に私は、百発百中の確率でこんな経験をしたことがあるからだ。

それは、**1年間一度も使わなかった高価な資料を思い切って捨てると、必ず翌年それをまた使う仕事が入ってくる**ということだった。

しかも一度や二度ではなく、毎年のように何度も起こっていた。

まるで嘘のようだが、ありのままの真実なのだ。

「それでは運が悪いということじゃないか！」と抗議する優等生が現れそうだが、そうではない。

高価な資料を思い切って捨てたからこそ、それを必要とする新しい仕事が受注できたのだ。

高価な資料といっても、せいぜい数万円だ。

ところが、仕事となれば数百万円や数千万円、時にはそれ以上となる。

数万円の資料など、誤差範囲でしかない。

これを親しい同僚にそっと教えてあげたところ、そのうちの一人がそれをそのまま実行して、次々に仕事を受注することができるようになった。

そしてめでたく私と一緒に出世することができたというわけだ。

以上は、100％ノンフィクションだ。

嘘だと思うなら、ぜひあなたも今年の年末に掃除をする際に試してもらいたい。

勘違いしてはならないが、私は高価な資料をすべて捨てろと言っているのではない。

〝1年間触れなかった〟資料はすべて捨てろと言っているのだ。

最初はちょっと罰当《ばち》たりなことをしているような気分になるが、それでいいのだ。

もし〝1年間触れなかった〟資料を捨てても、翌年新しい仕事が舞い込んでこなかったとしても後悔する必要はまったくない。

なぜならその資料を捨てることによって、新しいスペースが生まれたのだから。

新しいスペースが生まれたということは、土地代がそれだけ助かるということだ。

結局、運の良し悪しというのは、自分の中にある執着をいかに手放せるかにあると思う。

執着を潔く手放すことができる人々は、やっぱり運がいい。

それは心身ともに身軽になって、新しいことに挑戦して人とお金を引き寄せるからではないか。

執着をいつまでも手放せない人々は、やっぱり運が悪い。

それは心身ともに重苦しくて、過去にしがみつくため、人とお金を遠ざけるからではないか。

どちらでも、あなたが好きな人生を歩めばいいと思う。

「運」と「執着」には、密接な関係があることを理解しよう

14

本気でお洒落になりたければ、現在部屋にある服を全部捨てる。

これは服に限らないが、本気でセンスを上げたければ、現在、部屋にある物をすべて捨てることだ。

今年新調したばかりのスーツや、先月買ったばかりのカシミアのコートも捨てるのだ。

本気で服のセンスを良くしたいのであれば、部屋にある服をすべて捨てることからスタートするのだ。

なぜならば、ダサい物が視野に入っている限り、センスは永遠にアップしないからだ。

全部捨てたその足でお洒落な服屋の店員に、「全部買うから自分に合うようにコーディネートしてください。予算はこれだけです！」と頼めばいい。

あなたにお金があれば、百貨店に出かけて全部揃えるのもいいだろう。

百貨店には1Fに靴売り場があることが多い。

あれは、最初に靴から買えるようにするためだ。

お洒落は靴から始まるから、最初に「これが履きたい！」という靴を決めるのだ。

その上で店員に、「この靴に合う服を買いたいからお店まで案内してください」と頼めば、喜んで案内してくれるだろう。

こうして休日を使って街に出かけて3つほど百貨店巡りをすれば、お洒落な服を揃えることができる。

大切なことは、店員が勧めた服には絶対服従することだ。

ここであなたの意見を言ってはならない。

もしあなたの意見を言おうものなら、また以前のようにダサい服に戻ってしまうからだ。

最初は、店員がおススメの新しい服装にかなり抵抗があるかもしれない。

ところが、1ヶ月ほどして新しい服に慣れてきた頃に、もう一度以前の服装に戻れと言われたらあなたはできないだろう。

なぜなら、これまでの自分がいかにダサかったかに、ようやく気づかされるからだ。

これが、生まれ変わるという意味なのだ。

以上は、人生の衣《ころも》替《が》えである転職でも当てはまる。

転職して新天地で活躍しようと思うなら、これまでの栄光や常識をすべて捨てることだ。

「前職では部下がいました」「前職ではこうでした」というのをすべて捨てて、まるで新入社員のように腰を低くすることだ。

その上で新天地での上司や同僚のアドバイスを素直に聞き入れて、周囲に味方をしてもらいながら成長していくことだ。

服装も人生も同じで、本気で自分の人生を変えたければ、すべて捨てることから始めるのだ。

あなたもやってみればわかるが、すべてを捨てると新しい風がそこに吹き込んでくるのだ。

一旦、すべてを捨てると そこから新しい自分に生まれ変わる

15

今使っていない物は、見える場所に置かない。

片づけのコツは、今まさに使っていない物は、あなたの視野に入れないということだ。

これを継続していれば、常に片づいた状態が保たれるというわけだ。

片づいた状態というのは、今使っていない物を見える場所に置かないということなのだ。

どうして、あなたのデスクと頭の中は、すぐにゴチャゴチャになるのだろうか。

それは、使っていないにもかかわらず、いろいろな物が視野に入ってくるからだ。

いろいろな物が視野に入ってくると、脳はいちいちそれらに反応するから、あなたの注意力は散漫《さんまん》になる。

勉強のできない子どものデスクの上には、必ず教科書以外に携帯や漫画が散らかっている。

すると、教科書を読んでいてわからないことが出てくるたびに、携帯や漫画が気になって、「ちょっと気分転換」とゴロンと横になって遊んでしまう。

そのうちに、携帯や漫画が人生の中心になって、教科書には無関心になる。

人は放っておくと必ず楽なほうに流れて、それがその人の習慣になり、人生を創るのだ。

これが、勉強のできない子どもの作り方なのだ。

ここで私は、子どもの教育論を語っているのではない。

大人はこれよりも酷《ひど》いのだ。

子どもの場合は、携帯や漫画でサボっているという自覚が本人にあるのだが、大人の場合は、仕事をしているふりをしながらサボることができるから質が悪い。

いかにも忙しいふりをしながら、実際にはもう何年も何十年もまともに仕事をしていないのに、平気で給料をもらい続けている窓際社員は本当に多いのだ。

どうして、忙しいふりや仕事をしているふりができてしまうのか。

それは、デスクの上がゴチャゴチャしているからだ。

仕事ができない人間は、無意識のうちにデスクの上をゴチャゴチャにさせて、あえて自分たちの無能さがバレないように防衛本能を働かせているのだ。

これを読んで、「それはまさに自分のことだ！」と図星《ずぼし》を突かれてカチン！ときた人は見込みがある。

なぜなら、現実を変えるためには、まずありのままの現実を受容することから始まるからだ。

自分の無能さを自覚しているのなら、潔くデスクの上を片づけることだ。

すると、あなたはこんな感覚に陥るはずだ。

何もないデスクは、まるであなたの能力のようにスッキリしてゼロの状態だと。

正々堂々と、こうしてゼロの状態から着実に0・1ずつ仕事をこなしていく以外には、あなたの人生を誤魔化《ごまか》さずに成長させる方法は存在しない。

今使っている物以外は、自分の見える場所に置かないという習慣は、片づけのテクニック論ではなく、あなたの実力を真に向上させるための必須条件なのだ。

成長したければ、目の前に必要なものしか置かないようにする

16

迷った挙句《あげく》に買うと、運気が落ちる。

物を購入する際には、ある法則がある。

それは、迷ったらその瞬間はまだ買わないほうがいい、ということだ。

迷ったのに買うと、必ずあとから後悔することになる。

「迷ったのに買っておいて良かった」というのは、本当は後悔している自分に嘘をついて無理にプラス発想に転換しようとしているだけなのだ。

本当は、迷って買った物は、あなたの運気を急激に落とすのだ。

迷ったということは、「それを買ってはいけない」という天からの啓示があったからなのだ。

せっかく天から啓示を受けてストップがかかっていたのに、それに背くということは、自然の摂理に背いたということである。

つまり、負のスパイラルに突入するわけだ。

一度負のスパイラルに突入すると、抜け出すのは困難だ。

ただし、負のスパイラルから抜け出すのは、不可能ではない。

それは迷って買った物を、すぐさま処分することだ。

こう書くとすぐに、「とても高かったのに、そんなもったいないことはできません！」と顔を真っ赤にして興奮する人が登場するが、高かったからこそ処分すると効果的なのだ。

高額で運の悪い物というのは、大きな癌の塊《かたまり》と同じだ。

早急に除去しなければ、ますますあなたの運気は悪化してしまうのだ。

まあ、現実問題として高額だった物を処分するのは気が引けるだろう。

だから今の時代は、ちゃんとそうしたニーズに応えるように、リサイクルビジネスも浸透してきた。

汚らしくて怪しい商店街の買い取りショップではなく、しかるべき上場企業でも高く買い取ってくれる会社がたくさん出てきた。

高級家具、ブランド品、家電製品などは、粗大ゴミで捨てると、料金が取られてしまう。

ところが、買い取りショップに売ると、驚くほどの金額になる。

この差はとても大きい。

もちろん、どうせなら買い取りショップに売って、あなたはお金をもらっておくことだ。

粗大ゴミで捨てると、あなたが料金を払ったにもかかわらず、裏で各業者に回されてあちこちで転売される。

実は私も、処分する際にはどんな物でも、自分がお金を払って処分するのではなく、たとえ1円でも自分にお金が流れる方法はないかと考えるようにしている。

お金の流れは運気の流れだと知っているからだ。

以上のことを踏まえて、あなたが〝迷った挙句に買って後悔した物〟を処分するハードルがガクンと下がれば幸いである。

迷って買った物は、上手に処分しよう

17

はしゃいですぐに買うと、店員になめられる。

あなたは、高級ブランドショップで物を買ったことがあるだろう。

その際に、つい興奮して、はしゃいですぐに買っていないだろうか。

勝手に、高級ブランドショップの店員は上品で格式が高いと勘違いして、一方的にペコペコしてはいないだろうか。

高級ブランドショップの店員が上品で格式が高いというのは、嘘である。

彼らはむしろ就活の負け組であり、自分たちにブランドがなかったから安月給を覚悟した上でブランドショップの店員になったのだ。

本当に自分にブランドがある人間というのは、大手金融機関や重厚長大《じゅうこうちょうだい》産業で幹部候補として地味にコツコツと働いているものだ。

以上は、水準以上の人々の間ではごく当たり前の常識だ。

そういうわけだから、あなたはもちろん威張り散らす必要はないが、店員にペコペコする必要など毛頭ないのだ。

彼らが店で販売している高級品は、自分たちの安月給ではとても買えない物ばかりなのだ。

私は年に何度か高級ブランドショップに出かけて、たまに買い物をする。

その際は、もちろんこうして執筆のネタになるように、店員の人間観察をするのが目的だ。

私が購入を決定する基準はハッキリしている。

店員が私の求める合格ラインに達していたら、購入してあげる。

不合格ならとことん情報収集して、そのまま帰る。

私が店員に求める基準というのは、そんなに難しいことではない。

言葉遣い・感じの良さ・目の前の人を大切にする集中力・目の奥に輝く光から敬

意を感じるか否か、ということだ。

要は、面接で採用してあげてもいいかどうかが基準になる。

日本では、長年悪しき平等主義がはびこってきたから、ブランドショップの店員の中には勘違いしてしまっている人間もいるが、本家の欧米でこれはあり得ない。

上下関係を踏まえた上で親しく話すならいいのだが、上下関係を踏まえずに親しく話すのは、単に無知蒙昧《むちもうまい》で醜い行為なのだ。

読者の中には、「高級ブランドショップでなめられました!」と落ち込んで私にメールを送ってくる人もいるが、解決方法は簡単である。

私がそうしているように、あなたは店員を面接して選ぶ側であると自覚することだ。

何度かこれを練習しているうちに、自然にあなたが上、相手が下という関係が馴染んでくる。

そして、あなたが不採用の烙印《らくいん》を押した相手からは買わないと決めるだけで、物はグンと減る。

ブランド品に限らず、**すべての物はあなたが合格を出した人だけから買えば、物**

は増えない。

物を買うときは、売る相手のことも見極めよう

18

便利なリピーターになると、軽く見られる。

行きつけのホテルやレストラン、近所の飲食店などで注意したほうがいいことがある。

それは、**便利なリピーターになってはいけない**ということだ。

私はコンサル時代に、ホテル、レストラン、飲食店などの数々の舞台裏を見てきたが、リピーターだからといって大切に扱っているわけではなかった。

これは衝撃の事実だが、口に出すかどうかは別として、リピーターは〝カモ〟としてなめられていた。

そして、ここではさらに本質的で突っ込んだ話をしたい。

リピーターの〝カモ〟としてなめられているお客様は、ハッキリ言ってサービス業や飲食業界で働く人々よりも偏差値が高い。

つまり自分たちが〝カモ〟として扱われていることくらい、偏差値の低い店員たちがチラリと見せる言動ですぐに察知《さっち》する。

〝カモ〟として扱われているお客様は、「ん？　これは自分を軽く扱っているな」というその瞬間を絶対に見逃さない。

最初は一番鋭いお客様がふと気づくが、次第に連鎖反応で他のお客様たちにも気づかれて、リピーターをすべて失ってしまう。

老舗《しにせ》倒産とは、こうして起こるのだ。

私はよく息抜きに、ホテル、レストラン、近所の飲食店の定点観測をしているが、たまにちょっとリピーターになってあげると、やっぱりすぐにつけ上がるのは昔と変わらない。

しばらく間を空けて久しぶりに行くと、急にペコペコ卑屈《ひくつ》になってきてサービスがアップするのも昔と変わらない。

そのたびに、いつもガックリする。

以上は、ホテル、レストラン、近所の飲食店に限らない。

あらゆる業種業界で、リピーターをつい〝カモ〟と考えて軽く見てしまう傾向がある。

だからこそ、あなたはリピーターを命がけで大切にすることだ。

私がコンサル時代に顧問先を支援してきた際も、徹底して貫いてきたのはリピーターを大切にする心だ。

やや大袈裟に表現すると、「出過ぎた利益はリピーターのために還元しよう」と提案してきた。

利益が出過ぎたということは、どこか不義理をしているということだ。

不義理をしているとすれば、それは新規開拓ではなく、リピーターのお客様に対してである。

私はサラリーマン時代のラスト5年間も現在も、新規開拓を一切していない。

それは、ひたすらリピーターを大切にしているからなのだ。

リピーターであるあなたを大切に扱わない取引先を片っ端から絶縁するだけで、

現在あなたが抱え込んでいる物も悩み事も激減することをお約束する。

リピーターを大切にしない人とは縁を切ろう

19

捨てるたびに、年収が増える。

もしあなたの年収を増やしたければ、物を捨てることだ。

これは決して冗談で言っているのではなく、極めてロジックに基づいた話なのだ。

たとえば、あなたのデスクの上の物を捨てると、あなたに対する上司の評価はガラリと変わる。

なぜなら、上司はデスクの上が美しい部下を信用するからだ。

あなたが上司になったことを想像してみよう。

デスクの上が物で溢れ返っている人間に、頼み事をするだろうか。

デスクの上が物で溢れ返っている部下は、たいてい忙しそうで話しかけにくい。それに、頼んだ書類を取り出そうとして、デスクの上の物が雪崩《なだれ》を引き起こす可能性もある。

とても怖くて、そんな部下には頼み事はできないはずだ。

デスクの上が美しいということは、もうそれだけで実力なのだ。

私はコンサル会社に転職した際に、「これだけは貫こう！」と固く決意したことがある。

それが、デスクの上を徹底して美しくしようということだった。

それは、前職の損害保険会社時代は、これに挫折することが多かったからだ。

あなたも経験者であればわかるように、「これだけは例外」「これは特別だから」とたった一つの例外を作ると、途端《とたん》にデスクの上は例外で溢れ返ってしまう。

例外の周囲には例外が群がってくるという法則があるのだ。

転職先では、例外を徹底して排除した。

その結果、デスクの上に何も置かない状態を維持することに成功した。

驚くべきことに、これはそのまま年収アップにも繋がったのだ。

コンサル会社では、平社員時代には先輩や上司から仕事をもらわないと売上が立たない。

プロジェクトのメンバーに入れてもらえないということは、〝要らない人材〟ということだ。

〝要らない人材〟はデスクでずーっとネットサーフィンをしていたり、キョロキョロして資料を読んでいるふりをしていたりするからすぐにわかる。

つまり、先輩や上司から仕事をもらえない平社員は、成績不振でクビになるということだ。

私はデスクの上が綺麗だったから、どんどん仕事をもらえて、どんどん成績を上げることができた。

当然、それはそのまま年収に比例する。

もちろん、「お前はデスクの上が綺麗だから仕事を任せる」とストレートに言われたことはないが、明らかに私のデスクの上だけが際立《きわだ》っていたことは事実だ。

だから私が席を外している間には、「これ、誰の机？」「この席誰もいないの？」と噂されることがたびたびあった。

このレベルを目指しておけば、あとは放っておいても声がかかるようになるというわけだ。

デスクの上に限らず、自宅も片づけておくと、突然一流の人を招いた際にも好かれやすい。

綺麗な環境をつくっている人は信用を得ることができる

20

「今までありがとう」と掌《てのひら》を合わせて捨てれば、罰は当たらない。

物を捨てることの重要性は、これまで散々述べてきた。
中には、それでもなかなか捨てられないという人がいる。
私はそういう人が好きだ。
なぜなら、私もそっち側の人間だからである。
せっかくこれまで使い込んできた物は愛着もあるし、まだ使おうと思えば使える。

まだ使える物を捨てるなんて、何とも罰当たりな話ではないか。

そう考える人には、ぜひ次の考え方をプレゼントしたい。

「今までありがとう」と掌を合わせて捨てれば、罰は当たらない。

私はそう信じることによって、これまで物を捨て続けてきた。

ただ一度の例外もなく、「今までありがとう」と掌を合わせ続けてきた。

不思議なことに、「今までありがとう」と声をかけて物に人格を与えると、それだけで物が頷《うなず》いているように思えるのだ。

そして処分する物の魂が、新調した物に乗り移っていくイメージが鮮明にできる。

まるで、お子様の絵本に出てきそうな物語だが、私はこの考え方がとても気に入っている。

私は一つの物を大切に使い続けるが、いったん処分すると決めたら捨てるのが猛烈に速いのはそうした理由からだ。

これまでに私が捨てた物の数と、心から感謝して「ありがとう」と伝えてきた数は同じだということになる。

だから、私には物を捨てるたびに罰が当たるどころか、幸運が訪れているのだ。

物を捨てると運が良くなるという教えは、物を捨てるから運が良くなるのではなく、物を捨てる際に感謝するから運が良くなるのだ。

そういえば、私は大学時代のアパートに1万冊の蔵書があったが、就職が決まって退室する際に、仙台中の古本屋を回って本を処分し、最終的に500冊だけ残した。

つまり約9500冊を処分したわけだが、その際も1冊ごとに内容を振り返りながら「今までありがとう」と伝えて別れを告げたのを憶えている。

これは今でもまったく同じだが、本を処分する際に「今までありがとう」と掌を合わせると、その瞬間に本の内容がフラッシュバックして走馬灯《そうまとう》の如く私の頭の中を駆け巡る。

この瞬間こそが、その本の内容が一番私の中に入ってくるのだ。

本というのは、書棚に美しく飾っておく楽しさもあるが、捨てることによって内容を全身の細胞に沁み込ませる楽しさもある。

これが、本当に本を大切に扱うということなのだ。

本当に物に感謝できるのは、捨てる瞬間なのだ。

物はただ捨てるのではなく、感謝することが大切

第3章

ムダな人間関係の片づけ方

21

皆勤賞《かいきんしょう》はあなたの価値を下げる。

学生時代は皆勤賞が褒められただろうが、社会人になったら皆勤賞には気をつけなければならない。

なぜなら、**社会人にとって皆勤賞とは悪**だからである。

あなたが飲み会で皆勤賞を目指すと、必ず人生を破たんさせる。

それは、アルコール中毒になるからではない。

人間関係に悩んで、ボロボロになるからだ。

これは何も飲み会に限らない。

休日のゴルフコンペやバーベキュー、その他の誘いも含めて皆勤賞を目指すと、必ず途中で欠席したい日が出てくる。

やむを得ず欠席しなければならない用事が入ることもある。

ところが、あなたが皆勤賞を続けていると、周囲は「アイツは皆勤賞で当たり前」と考えるようになる。

そのうち幹事をやらされる羽目《はめ》になり、ますます皆勤賞を継続しなければならなくなるのだ。

これに対して、たまにしか参加しないメンバーはどうだろうか。

新入社員の頃から、どこか付き合いが悪く、だからといって嫌われているわけでもない。

周囲からも、「アイツはああいうヤツだから」と許されている。

気分で参加したり、欠席したり、好き放題に人生を謳歌《おうか》しているから、肌の艶《つや》もいい。

もちろん、プライベートも充実しており、あなたが苦行として飲み会に参加し続けている最中に英語の勉強もしていて、すでに相当な力をつけてキャリアアップの準備も万端だ。

皆勤賞のあなたから見たら、羨《うらや》ましい限りである。

そうこうするうちに、とんでもない事態になる。

皆勤賞のあなたが精神的に疲れてしまい、つい二度か三度続けて欠席したとしよう。

周囲は、「最近、アイツ付き合いが悪くなったよな」とヒソヒソ話を始めるのだ。

たまにしか参加しないメンバーは、相変わらず肌の艶も良く、久しぶりにチラッと顔を出すだけで「お！　今日は来てくれたのか！」と人気者だ。

こうして皆勤賞を目指した人は、人間不信に陥って絶望するのだ。

いかがだろうか。

こうして読んでいるうちに、他人事ではなく、顔が引きつってきた人もいるのではないだろうか。

社会人になったら、皆勤賞だけは目指してはいけない。

仕事でさえもたまに仮病を使って休み、飲み会参加率は3割前後をキープしておくことだ。

会合などへの参加は、すべて自分主導で決める

22

断るのにいちいち理由なんて言うから、相手をつけ上がらせる。

断るのが苦手な人は多い。
断るコツなんて、とても簡単だ。
それは、いちいち理由を言わないことだ。
理由なんていちいち言うから、あなたは相手をつけ上がらせてしまうのだ。
理由なんていちいち言うから、相手はあなたに絡《から》みついてくるのだ。

原因は他人ではなく、あなた自身が作っていたのだ。

私は昔から誘われた際に面倒臭いと思ったら、電光石火の如く断ってきた。

もちろん理由など一切述べない。

しつこく食い下がって理由を聞いてきた相手には、「何となく」と伝え続けてきた。

これで人間関係が途切れたらそれはそれでラッキーだし、それでも繋がったら本当の友情だということだ。

誘いを断って途切れるような人間関係は、これからもずっとあなたの足を引っ張り続けるわけだから、どうせなら今すぐ切っておいたほうがいいのだ。

むしろ断り続けることによって、本当の友人に出逢う可能性が高まるのだ。

今の執筆の仕事でも、これはまったく同じだ。

私は、嫌いな相手からの仕事は、絶対に引き受けない。

嫌いな相手からの仕事を引き受けると、どんなに大金をもらっても損をした気分になるからだ。

執筆依頼のメールが届いて、それが嫌いな相手からだと判明すると、内容を一切読まないままタイトルに「断る」とだけ打ち込んで返信する。

そして「なぜですか?」と返してきた相手には、ルンルン気分で受信拒否リストに放り込む。

「なぜですか?」と返してきた相手には、絶対に返信をしてはならないのだ。

なぜなら、あなたが返信をして理由を述べたその瞬間、相手と同じ土俵に乗って対等になってしまうからである。

最初は頭を下げて入ってきた相手が、あなたと同じ土俵に立ってしまったら、相対的にこちらのポジションを下げたことになるのだ。

だからこそ、**相手が下、あなたが上という揺るぎない地位のまま人間関係をぶった切ることが大切なのだ。**

究極は「断る」と返信することすら不要で、無視でもいいくらいだ。

これまでに私は、長年この断り方を続けてきたが、一度も困ったことは起こっていない。

それどころか、むしろ大好きな人たちだけに囲まれて毎日が天国だ。

理由を言わずに断るのは、こんなに楽しくていいこと尽くしなのだ。

断るときに理由を言わないことで、人間関係の整理ができる

23

三流には挨拶すらさせない。

あなたは一流になりたいだろうか。

一流になりたければ、一流の人たちをちゃんと観察することだ。

一流の人たちを観察していれば、三流とは接点を持たないことに気づかされるはずだ。

三流が集まりやすい場所には近づかないし、三流から声をかけられそうになると、ふわりと身をかわして瞬間的に行方不明になる。

これが、一流の世界の常識なのだ。

三流には挨拶すらさせないのが、一流なのだ。

すると、「そんなことはない！　私の身近にいる一流の人は誰にでも分け隔てなく接してくれる」と、真っ赤な顔をして反論してくる人が登場する。

それに対する回答は簡単である。

そもそもその人は一流ではないから、誰でも分け隔てなく接してくれるのだ。

真っ赤な顔をして反論している人と同レベルで、三流だから一緒に群がっていられるのだ。

これをもう少しわかりやすく伝えよう。

綺麗事を抜きにすると、成功にも一流と三流がある。

上流の成功と下流の成功と言い換えてもいい。

上流の成功とは、高学歴かつ就活の勝ち組でお金持ちになった人々だ。

下流の成功とは、低学歴かつ就活の負け組でお金持ちになった人々だ。

仮に同じく年収1億円だとしても、前者と後者が混じり合うことはない。

否、より正確には、上流の成功者が年収3000万円で、下流の成功者が年収100億円だとしても、現実の世界では前者の圧勝だ。

上流である大企業の社長が、下流である中小企業の社長やマルチ商法のカリスマと心から分かち合えることはないのだ。

ちなみに、上流である大企業の社長は、同じく上流の大学教授や医者、芸術家、小説家と交流を持つことが多い。

下流である中小企業の社長やマルチ商法のカリスマは、同じく下流の完全歩合セールスや怪しいネット商材販売業者と交流を持つことが多い。

上流は上流同士で混じり合い、下流は下流同士で混じり合う。

上流の成功者は上流同士でますますお互いの成功を確認し合い、そして認め合う。

下流の成功者はどれだけお金を稼いでも、所詮下流であることには変わりはない。

永遠に下流は下流であり、上流に食い込んでくることはできないのだ。

これが世の中の仕組みであり、自然の摂理である。

あなたがもし一流を目指すなら、三流が近づいてきたら、さっと離れる習慣を徹底することだ。

一流になりたければ、一流とのみ交流する

24

格下がマウンティングしてきたら、即中座していい。

あなたが成功すれば、すぐにわかることがある。

それは、成功できない圧倒的多数の人々は、あの手この手で負け惜しみを口にするということだ。

つまり、世の中の99%の人々は自分より格上の相手に対して、無意識にマウンティングをしているのだ。

たとえば、あなたが成功してインタビューを受けるとしよう。

インタビューの申し込みをしてくる相手は、当然あなたより格下だから、最初は卑屈に頭を下げてくるはずだ。

ところが、である。

あなたが格下の相手に気を遣わせないよう、ざっくばらんに接してあげていると、次の瞬間こんな現象が起こる。

最初は卑屈だった相手が、突如上から目線になってくるのだ。

特に、相手が同性で年上だと、これは顕著《けんちょ》だ。

一般に、同性で年上の相手は、同性の年下の成功者に激しく嫉妬《しっと》する。

これは男女を問わない。

数少ない自分の長所から格上に勝てそうな部分を見つけ出し、やや興奮気味にそこをつい強調してしまうのだ。

目の前の圧倒的存在に対して、自分の存在の小粒さに耐え切れなくなるのだ。

マウンティングというのは、弱者の本能であり、自然の摂理なのだ。

ここ最近は、マウンティングの仕方を指導しているコンサルタントもいるくらいだ。

それら〝マウンティングコンサルタント〟に見られる共通の特徴は、彼らが自他ともに認める下流出身者だということだ。

すでに述べたように、下流は永遠に上流にはなれない。

下流の〝浅知恵〟であるマウンティング如きで上流に食い込めると思ったら、大間違いだ。

あなたはこうして本を読んでいるからには、将来成功する可能性が高い。

否、きっとかなりの確率で成功するだろう。

もしめでたく成功したら、ほぼ１００％の確率であちこちからマウンティングされることになる。

最初の一度や二度は、寛容《かんよう》なあなたも許せるかもしれない。

だが誰でも、いずれ堪忍袋《かんにんぶくろ》の緒が切れる。

マウンティングされた場合の予習を今からしておくと、あなたは私に感謝する日がくるだろう。

格下のマウンティングが始まったら、あなたはその場で中座すればいい。

それが格上の格下に対する躾《しつけ》であり、義務なのだ。

格下の、無礼な態度に対する接し方を心得よう

25

お返し年賀状は不要。

あなたが年賀状を書くことも、もらうことも生き甲斐だというのであれば、ぜひそのまま続ければいい。

だが、あなたが年賀状を書くことも、もらうことも苦痛だというのであれば、ぜひやってもらいたいことがある。

それは、お返し年賀状を出さないことだ。

年賀状が人生の重荷になっている人は、お返し年賀状を出さないだけで負担が激減するのだ。

まず、正月はお返し年賀状の心配をせずに、ゆったりと過ごすことができる。

これは非常に大きい。

普通の人がビクビクしながら年賀状をチェックして、慌ててお返し年賀状を書いているのを横目に、あなたは餅をたらふく食べて昼寝三昧《ざんまい》の正月を送れるのだ。

次に、余計な人脈が整理できる。

そもそもあなたから年賀状を出さなかったということは、それほど重要な人脈ではなかったということだ。

重要な人脈であれば、そもそも年賀状を出し忘れることなどないはずだ。

本音としてはそれほど重要ではないからこそ、年賀状を出さなかったのだ。

つまり、もし途切れても致命的にはならない相手なのだ。

もし、お返し年賀状を出さなくても関係が途切れなければ、それこそ真の人脈だと言えるのだ。

最後にあなたからお返し年賀状を出さなければ、相手もホッとするということだ。

相手はあなたがお返し年賀状を毎年出すから、仕方なく毎年あなたに年賀状を出し続けているのだ。

あなたからそのナァナァの無意味な関係を絶ち切ってあげることで、相手が助かるのだ。

よく考えてみよう。

相手から毎年ちゃんと元旦に年賀状が届くのに、それに対してあなたが毎年お返し年賀状というのでは、それこそ失礼ではないだろうか。

毎年お返し年賀状に精を出している人は、今一度この現実を直視してもらいたい。

本当はお返し年賀状を出さないほうが潔く、相手からも一目置かれるのだ。

私はそもそも年賀状を出さないが、それでも毎年年賀状を大量にもらう。

もちろん、有言実行でお返し年賀状は出さないが、それでも相手から嫌われることはない。

なぜなら、私は年賀状以外で、旅先から気まぐれハガキを出しているからである。

それらはお返し年賀状とは根本的に違い、私が心から書きたいから書いているだけなのだ。

お返し年賀状からイチ抜けすることで、あなたの人脈はとてもスッキリするのだ。

無駄な義理行為から卒業しよう

26

嫌われたのではなく、嫌ってくれたのだ。

人に嫌われるのを極端に恐れる人がいる。

すべての人に好かれるのなんて不可能なのに、誰からも好かれる人間になりたいと思っている人がいる。

これは、親や学校の教師に「誰からも好かれる人間になりなさい！」という間違った教育を受けたからではないだろうか。

そもそも親や学校の教師自身が誰からも好かれるような人間ではないのに、何とも矛盾した話である。

ここで私は、あなたに、**人に嫌われることは人として当たり前のことであり、むしろ嫌われることによって自分の価値が高まっていく**ことに気づいてもらいたいと思う。

ありのままのあなたをさらけ出せば、当然あなたを批判する人間が登場する。

なぜなら、人の脳はそれぞれ別の器に入っており、人はそれぞれ考え方も価値観も違い、人は自分と考え方や価値観が異なる相手に出逢うと恐怖心を抱く生き物だからである。

批判というのは、恐怖心から生まれる防衛本能なのだ。

だから、あなたが今属するグループで新しいことに挑戦しようとすると、必ず足を引っ張られたり批判されたりするはずだ。

あるいは、今いるグループから抜け出してよりレベルの高いグループに移ろうとすると、必ずヤイヤイ言われるはずだ。

それが人類の本能だし、自然の摂理に則っているのだ。

こう考えると、あなたが何か新しいことに挑戦したり、あなたがステップアップしようとしたりすると、嫌われるのは当たり前だということが理解できるだろう。

正確には、あなたが嫌われたのではなく、あなたを嫌ってくれたのだ。

今いる村社会に属する村人たちは、挑戦者であるあなたを好きになることをそもそも許されていないのだ。

挑戦者であるあなたの足を引っ張らないように、神様があえて村人たちを遠ざけてくれているのだ。

そう考えると、あなたの心が急に軽くなるはずだ。

村人たちがあなたを嫌ったところで、あなたには何ら影響など与えることができないのだ。

村人たちが嫌ってくれたおかげで、あなたには時間ができるのだ。

村人たちとじゃれ合って無駄な時間を過ごすのではなく、さっさと村社会を飛び出して新天地で人生を謳歌するのだ。

新天地では、これまでとまるで違う素晴らしい出逢いが訪れる。

しがみついている村社会を捨てなければ、あなたはこの世に生まれてきた意味がないのだ。

あなたが挑戦するときに批判する人は、自然と遠ざかっていく

27

借金を頼みに来た旧友は、あなたを〝友だち枠〟から外している。

学校を卒業して10年や20年経つと、そろそろ勝ち組と負け組が明確になってくる。

しかも、ほとんど下剋上《げこくじょう》など起こらず、勝ち組と負け組の差は広がるばかりだ。

そんな人生のドラマの中で、決まって登場するのが借金の話だ。

お決まりのパターンとしては、「そんなに親しかったかな？」という程度の微妙な旧友から電話が突然かかってくる。

その旧友は「よう！　久しぶりに飲まないか？」と、やけにハイテンションだったりする。

あなたは「せっかく声をかけてくれたことだし……」と思って、一緒に飲んでみると、最後にお金の話になるわけだ。

旧友は「絶対返すから！」「必ず約束を守るから！」というように、〝絶対〟とか〝必ず〟という言葉を連呼するのが特徴だ。

最初は丁寧に懇願してくるが、次第にやや興奮気味になってくる。

金額は様々だが、10万とか20万というのは、相手が今背負っている借金の額と比べれば焼け石に水で、そもそも最初から返す気なんて毛頭ないから、「こいつ金持ってねーからこのくらいで勘弁してやるか……」と感謝するどころか、逆にあなたに恨みを持つくらいだ。

私自身の経験と、周囲の膨大な数の実例からして一番多い借金の依頼額は、ズバリ、ちょうど200万円だ。

最初から300万円と言ってしまうと断られそうだけど、100万円ではちと寂しい。

そこで間を取って200万円であなたの表情を見て、様子を伺ってくるのだ。

200万円だと言っておけば100万円が少し安く見えるから、100万円が借りやすくなる。

反対に200万円が即OKなら、「本当は300万だと助かる……」としがみついてくる。

ちなみに私は、逆にこのやり方で借金を懇願してくる相手を誘導尋問し、750万円まで金額を吊り上げさせたことがある。

最初は予想通り200万円だったが、「その程度じゃ本当は足りないだろう？綺麗さっぱり清算しないとお前がますます不幸になるだけじゃないか！」と伝え、本音の額を聞き出したのだ。

もちろん完膚《かんぷ》なきまでに断ったが、後日人づてに聞いた話によれば、当時の彼は3000万円を超える借金を背負っていたという。

その数年後には、億単位に膨れ上がっていた。

賢明なあなたは、すでにお気づきだろう。

借金を頼みに来た相手というのは、すでにあなたのことを〝友だち枠〟から完全に外しているということだ。

先の例でいくと、仮に私がその時750万円を彼に貸していたとしても返ってこなかっただろうし、彼も返す気はまったくなかっただろう。

借金を頼みにやって来た時点で、その相手との人間関係はすでに終わっているのだ。

借金を頼みに来た相手とは、スッパリ縁を切る

28

生理的に受け付けない相手に、近づいてはいけない。

あなたには生理的に受け付けない相手はいないだろうか。
あなたが生理的に受け付けない相手とは、どんな人だろうか。
頭の悪い人だろうか。
顔の悪い人だろうか。
太った人だろうか。

粗野《そや》な人だろうか。

自分勝手な人だろうか。

さらにもう少し突っ込んで考えてもらいたいのだが、**あなたが生理的に受け付けない相手は、あなたにそっくりな人ではないだろうか。**

頭が悪い人を生理的に受け付けない人は、本当は自分もうっかり勉強をサボったら頭が悪くなってしまうことをよく知っているからこそ、本来の自分そっくりの頭の悪い人を見ると、無性《むしょう》に腹が立つのではないだろうか。

顔の悪い人を生理的に受け付けない人は、本当は自分もブサイクなのに整形したり厚化粧で誤魔化したりしているからこそ、本来の自分そっくりの顔の悪い人を見ると、無性に腹が立つのではないだろうか。

太った人を生理的に受け付けない人は、本当は自分も太りやすい体質なのに苦労に苦労を重ねてダイエットしているからこそ、本来の自分そっくりの太った人を見ると、無性に腹が立つのではないだろうか。

粗野な人を生理的に受け付けない人は、本当は自分も粗野なのに無理に上品ぶっているからこそ、本来の自分そっくりの粗野な人を見ると、無性に腹が立つのではないだろうか。

自分勝手な人を生理的に受け付けない人は、本当は自分も自分勝手なのに無理に気配りしている自分を演じているからこそ、本来の自分そっくりの自分勝手な人を見ると、無性に腹が立つのではないだろうか。

人は、本来の自分そっくりの相手に嫌悪感を抱く生き物なのだ。

つまりこれは、**似た者同士というのは近づいてはいけないという、自然の摂理なのだ。**

似た者同士は、放っておくと、究極は殺し合いに発展してしまう可能性がある。

これは、民間企業の市場争奪戦と本質は同じだ。

基本的に同業内では似た者同士がしのぎを削っており、裏でお互いに極秘情報を奪い合いながら足の引っ張り合いをしている。

ノアの方舟ではないが、自然界ではもともと同じものが二つ存在することは許されないのだ。

あなたも誰かにとっては生理的に受け付けない存在であることを受容し、お互いに近づかないことが幸せを保つ秘訣なのだ。

似た者同士は、共存しない

29

あなたが一流の人に嫌われるのは、隣にいる顔ぶれが三流だからだ。

一流の人と知り合いになりたいと思っている人は多い。

一流の人と知り合いになって、できればチャンスをもらいたいと、ぼんやりと期待しているのだ。

ところが、現実には一流の人とはなかなか知り合いになれないし、たとえ知り合う機会があっても、次に繋がらないことが多い。

それはなぜか。

あなたの隣にいる顔ぶれが、三流だからである。

あなたは将来成功する可能性が高いから、あえてここで真実を公開しよう。

たとえば、高級ホテルのラウンジで、あなたが一流の人を見かけて声をかけたとしよう。

その際に、あなたの隣にいる人が三流の人だったらゲームオーバーだ。

なぜなら、一流の人は三流の人を避けたがるからである。

三流の人には、概して以下のような特徴がある。

ギラギラしたファッションにギラギラした目つきをしている。

人をジロジロ見てくる。

どこか虚勢を張っている。

いかにも噂好きそうな表情を刻み込んでいる。

これらの人たちとあなたが一緒にいるということは、あなたもまた三流の証なのだ。

あなたは同じ三流同士だから、彼らのビヘイビアが気にならないかもしれないが、一流の人から見たら気になって仕方がないのだ。

もし一流に見える人が三流の人々と親しくしているのならば、その人は一流ではなく、一流の皮を被った三流なのだ。

一流が一流である証は、三流とは交流をしないことだからである。

私がコンサル時代に、直接的にも間接的にも出逢ってきた人々にも、これは当てはまった。

中小企業の社長で三流の人々と交流がある人たちは、必ず経営を傾けるか、そのまま消滅していたものだ。

新興の大企業でも急激に業績が落ち込み廃業に追い込まれることがあるが、それは一代で上場企業を創業した天才肌のオーナーが、つい三流の人々と交流を持ってしまったためだ。

あなたも一流になりたければ、まず、今周囲にいる三流の人々と勇気を持って縁を切ることだ。

三流の人々はあなたが縁を切りたがっていると知れば、あなたに対して非難轟々《ひなんごうごう》だろう。

だが、それでいいのだ。

その上で、今度は**孤独の時間を生み出して自分の実力を磨き、一流に上り詰めることだ。**

そして一流になったら、もう二度と三流とは交流しないことだ。

もちろん、同じく一流に上り詰めてきた旧友がいた場合、もしご縁があれば親友になればいい。

三流とは縁を切り、ひたすら自分の実力を磨こう

30

失敗も成功も、どちらも友情を失う。

よく巷の自己啓発書には、「失敗すると友人を失う」と書いてある。

私自身の経験と、これまで出逢ってきた1万人以上の人たちから得た事実を踏まえた上で考えても、これは概して正しい。

進学校や一流大学の同窓会は、勝ち組たちの自慢大会になっていることが多い。

ところが、一度エリートコースから外れて負け組に転落すると、なかなか元の輪に戻りにくい。

サラリーマンだと、左遷《させん》されたりリストラされたりすると、それまで群がっていた人々がさっと離れて行くのはよくある話だ。

経営者だと、業績不振が続いたり倒産したりすると、それまで群がっていた取引先がさっと離れて行くのはよくある話だ。

あなたの周囲にも、これらと似た例は枚挙《まいきょ》に暇《いとま》がないだろう。

ところが現実には、成功しても友情を失うことがあるのだ。

ひょっとしたらあなたも、成功して友情を失った経験があるかもしれない。

あなただけが第一志望の一流大学に合格して、他の友人は不合格になった場合、その間には何とも言えない壁が生まれる。

あるいは、あなただけが第一志望の一流企業に内定して、他の友人は軒並み不採用になった場合、その間には何とも言えない壁が生まれる。

あなただけが出世コースを独走して、他の同僚たちは平社員人生を送っている場合、その間には何とも言えない壁が生まれる。

これは、あなたが逆の立場になればよくわかるはずだ。

人というのは、手の届かない成功者には拍手を送れても、もともと自分と同レベルだったはずの人間の成功には、拍手を送ることが難しい生き物なのだ。

身近な人間の成功ほど嫉妬に狂う対象は存在しないのだ。

ありのままの現実を述べると、失敗して友情を失うより成功して友情を失うことのほうが多いと私は思う。

いずれにしても、レベルが違えば、そこに別れが生じるのは自然の摂理なのだ。たいていの人間関係は、いつも群れてでもいない限り、必ずお互いに成長のズレが生じるものだ。

「私たちいつまでも友だちよね」と友情を確認し合うのは、レベルの低い側が、このまま放っておくとレベルの高い側に捨てられるかもしれないから、不安になって保険をかけているのだ。

つまり、しばらく距離を置いていると、誰でも友情が薄れてしまうのはやむを得ないのだ。

だったら、失敗して友情を失うよりも、成功して友情を失ったほうがマシではないだろうか。

本物の友情というのは、根底に相手に対する敬意がなければ成立しないのだ。

友情を失うことを、恐れてはいけない

第4章　ムダな時間の片づけ方

31

寝る間を惜しんではいけない。

この世で一番してはならないのが、寝る間を惜しんで何かに励むことだ。

寝る間を惜しんで何かに励むと、日本では褒め称えられることが多いが、時代錯誤も甚《はなは》だしいというものだ。

寝る間を惜しんで勉強すると、確実に頭が悪くなる。

寝る間を惜しんで仕事をすると、究極は過労死する。

あなたの周囲にも、そういう人たちがゴロゴロいるはずだ。

それを、あなたが繰り返してはならないのだ。

この世で最も罪が重いのは、睡眠時間を削ることだ。

睡眠時間を削るのはスローモーションの自殺行為であり、神に対する冒涜《ぼうとく》なのだ。

極論すれば、寝る間を惜しむくらいなら、勉強なんてしないで落ちこぼれたほうがいい。

さっさと落ちこぼれて、毎日熟睡しながら勉強とは無縁の土俵で自分の長所を活かしながら生きればいいのだ。

あるいは、寝る間を惜しむくらいなら、仕事なんてしないでクビになったほうがいい。

さっさとクビになって独立し、たっぷり睡眠を確保しつつ起きている時間で仕事に没頭すればいいのだ。

あなたも薄々気づいているように、睡眠時間を削ってまでやらなければならないということは、そもそも、その分野にあなたの才能がないということだ。

あなたに才能がないからこそ、神はあなたに方向転換させようとして睡魔に襲わせるのだ。

睡魔が襲うということは、体がそれを拒絶しているわけだから、やってはいけな

いという合図なのだ。

私は、物心ついてからは、睡眠時間だけについては妥協《だきょう》できない質だった。

今でも私は睡眠を人生の中心として捉えており、睡眠時間を削るくらいなら落ちこぼれようがクビになろうが、すべて些細《ささい》なことだと思っている。

睡眠時間を削らなければできないような成功は、一点の曇りもなく偽物だと私は確信している。

成功というのは、継続して初めて成功と呼べるのだ。

一時的に成功するだけなら、睡眠時間を削ってでも可能かもしれないが、長期的な成功を目指すとなれば、睡眠を犠牲にするわけにはいかない。

長期的な成功者たちの共通点は、誰もが顔の艶が良く、イキイキとしていることだ。

彼らが寝る間を惜しまずに、起きている間に大好きな仕事に没頭している証拠である。

やっていて眠くなるようなことは、自分には向いていない

32

時間がないなら、お金で買えないかを考える。

「時は金なり」という言葉があるが、もちろんこれは誤りである。
時間とは、あなたの寿命の断片であり神の領域だ。
それに対して、お金とは我々人類がこしらえた生活のための便利な道具に過ぎない。

時間はお金よりも遥かに価値が高く、もしお金で時間を買える機会があるのなら、

どんどん買ったほうが得なのだ。

よくあるたとえ話に、電車なら1時間かかるところをタクシーなら30分で行けるのであれば、ぜひタクシーに乗るべきであるというものがある。

私ならこう言う。

電車と同様に1時間かかる場合でも、タクシーで行ったほうがいい。

なぜなら、電車だとかなりの確率で座れない可能性も出てくるし、マナーの悪い下品な乗客が一方的に視界に入ってくる可能性もある。

混雑した駅のホームで歩いているうちに、夏場なら汗をかいてくる可能性もある。

あるいは、怪しい人間とぶつかってトラブルに発展する可能性もある。

タクシーだと運転手との相性はあるだろうが、基本的には行き先を告げるだけで、あとはドカンと座ってそのまま寝ていることもできるのだ。

タクシーという空間内はあなたのものだから、誰にも遠慮せずに優雅に過ごすことができる。

夏場でもドア・トゥー・ドアで移動できるから、汗をかいて取引先に同情されることもない。

時間をお金で買うということは、1時間かかるところを30分で到着したから30分買ったことになるという意味だけではない。

快適な空間で過ごせる時間を買うことこそ、時間を買うということなのだ。

せこいビジネスホテルではなく、優雅な高級ホテルに宿泊するのも、優雅な空間で時を過ごすという意味だから、時間を買うという立派な行為になるのだ。

ビジネスホテルだとマナー違反の宿泊客がやたら目立つのに対して、高級ホテルだとその比率がガクンと下がる。

列車で普通席ではなくグリーン席に乗るのも、優雅な空間で時を過ごすためだ。

普通席だと、車内で子どもが運動会をしていたり、下品な酔っ払いが騒いでいたりする。

グリーン席だと、マナー違反の乗客の比率がガクンと下がり、静かに読書をしていたり、パソコンを使って仕事に没頭していたりする乗客の比率が高くなる。

お金で快適な時間を買えるのであれば、それが一番の買い物だと私は思う。

私が一番お金を使っているのも、時間に関することばかりである。

たとえば、こうして私が日々執筆している書斎に対してお金を妥協しないのは、快適な空間という時間を買っているからなのだ。

時間とは、寿命の断片

33

自由時間は仕事のオマケではなく、人生のメインだ。

自由時間と聞くと、勉強や仕事の休憩タイムであり、オマケだと考えてしまう人が多い。

ところが、それは大きな間違いである。

自由時間というのは、勉強や仕事よりも遥かに大切なものであり、むしろ人生のメインだと言ってもいいのだ。

その昔、アリストテレスはレジャーのことを「仕事とは独立した存在であり、遊びそれ自体に価値がある」と説いた。

つまり、レジャーとは仕事のオマケではなく、レジャーそのものに独立した存在価値があると説いたのだ。

自由時間もこれと同じで、**自由時間そのものに価値がある。**

自由時間をたっぷり過ごしたから仕方がなく仕事をしようというのは、自由時間に対しても仕事に対しても失礼なのだ。

私自身は、人生すべてが自由時間になっている。

こうして自由気ままに執筆しているのがまさに自由時間だし、執筆が終了してホテル巡りや旅行をしているのも自由時間だ。

自由時間がつくづくありがたいのは、自由時間でしたことのすべてが循環するということだ。

たとえば、私が執筆中に「そういえば、今度あそこに行きたい！」と思いつくと、脱稿したあとすぐに旅に出る。

そして、旅から戻るとまたパソコンに新しい執筆依頼が届いているから、旅で出逢った人たちや感じたことをそのまま自由気ままに綴《つづ》ればいいのだ。

自由時間が循環すると、それが富を生み出す。

こういう話をすると、「それは千田さんだからできるだけです！」と叫ぶ人が登場するが、それならどうして自分でもやろうとしないのか。

まずは人生のメインである自由時間を確保し、その時間に自分が大好きなことに没頭すればいい。

人はそれを見て、「あの人は勉強している」と勘違いしてくれれば、それが最高だ。

そして、自由時間でしたあなたの好きなことが、それなりの水準に達してきたら、それを仕事に活かすか、いっそのことそれ自体を仕事にしてしまえばいいのだ。

冗談ではなく、長期的な成功者たちは、誰もがこのパターンで幸せな人生を築き、幸せな人生を謳歌しているのだ。

あなたが本気になれば、自由時間を確保することなど容易《たやす》いはずだ。

まずは、今いる群れから飛び出し、独りぼっちになることだ。

独りぼっちになれば、とりあえず時間だけは生み出すことができるから、話はそこからだ。

自由時間こそ、最も価値があるものである

34

出世するということは、やりたくないことはやらないということだ。

最近は、出世をしたくないという人も増えてきたようだ。

実は、私がサラリーマン時代にも、出世願望が弱い人が毎年増える傾向にあり、今回初めて告白するが、私もその一人だった。

私は大学時代から「将来は本を書いて生きていく」と決めていたから、サラリーマンとして会社に長居するのは禁物《きんもつ》だと固く信じていたのだ。

実際に部下を抱えるようになったら、辞めるタイミングが難しくなるのは周囲を見ていて明らかだった。

私の憧れだった作家も、広告代理店を出世する前に辞めており、「よっしゃ、俺もこれで行こう！」とずっと思っていた。

コンサル会社の入社案内にも、「3年で独立したい人。そんな危険な人をお待ちしています！」というコピーが謳《うた》われており、これぞまさに私の求めている会社だと興奮した記憶がある。

入社後に聞いた話によると、その言葉をそのまま面接で言うようなヤツは、即決で落としてきたというからヒヤリとしたものだ。

そうして入社した会社だが、ちょうど転職3年目に管理職に内定した。

正直なところ迷った。

迷った最大の理由は、本当はその年に私は会社を辞めようと思っていたからだ。

先ほどの憧れの作家が脱サラした年齢を超えないように、最初からそう決めていたのだ。

きっと当時の上司も、私が辞めそうなことを察知していたから、勝負をかけたのだろう。

結果として、「何でもかんでも無理やり予定通りに進めようとする人生は面白くないのでは?」という上司のひと言で会社に残った。

結論から言うと、私はその上司に感謝している。

なぜなら、出世することの意味を、身をもって経験することができたからだ。

生来の怠け者である私は、あまりにも居心地が良過ぎて、うっかり5年も長居してしまったくらいだ。

出世するということは、やりたくないことはやらないということだ。

綺麗事を抜きにすると、やりたくないことはすべて部下に丸投げして、自分がやりたいことだけをやればいいのが出世なのだ。

自分がやりたいことだけをやっていればいいのだから、成果が出るに決まっている。

出世をすれば仕事ができるように見えるのは、出世をすると自分の得意なことだけをやって、苦手なことは部下に丸投げすればいいからなのだ。

出世をしなければ、ビジネスの旨味《うまみ》は絶対にわからない。

もしあなたが自分のやりたいことだけで人生を埋め尽くしたければ、とりあえず出世することだ。

出世をしたら、より仕事の旨味が味わえることを知ろう

35

勉強する時間がないのではなく、勉強しないから時間がないのだ。

「忙しくて勉強する時間がない」が口癖になっている人がいる。

その人は、10年前も同じことを言っていたし、きっとこれからも同じことを言い続けて死んでいくのだろう。

あなたには、そんな惨《みじ》めな人生を歩んでもらいたくないから、ここでは忙しさから脱出するコツを伝授しようと思う。

本気で忙しさから脱出したければ、勉強することだ。

あなたは忙しいから勉強する時間がないのではなく、あなたが勉強不足だから忙しいままなのだ。

これは、少し考えてみれば誰にでもよくわかる。

忙しい人というのは、とにかく仕事が遅い。

仕事が遅いからどんどん仕事が溜まって、ますます遅くなっていくのだ。

遅れるバスはますます遅れるのと、まったく同じ構図だ。

これに対して、仕事が猛烈に速い人は、いつも時間にゆとりがある。

仕事が速いからどんどん仕事を終わらせて、ますますゆとりが生まれるのだ。

仕事が遅い人と速い人の違いは、勉強しているか否かにあるのだ。

たとえば、本気で仕事を速くしようと思うなら、まず社内で一番優秀な人の仕事ぶりをじっくり観察するのだ。

何ならインタビューをしてノートにまとめたり、ＩＣレコーダーに収録させてもらったりしてもいい。

優秀な人の仕事のやり方と自分のやり方とは何が違うのかを比較分析し、それを

自分に落とし込むのが大人の勉強だ。

あるいは、仕事ができるようになるために本を読むのもいいだろう。

本の著者というのは何かしらの実績があるからこそ、本を書かせてもらっているわけだから、必ず何か学ぶものはあるはずだ。

営業で実績を残してきた人の本を読めば、とっておきの営業ノウハウや思わぬ気づきが必ずあるはずだ。

企画で実績を残してきた人の本を読めば、とっておきの発想法や今すぐに使えるテクニックが必ずあるはずだ。

能率で実績を残してきた人の本を読めば、とっておきの時間管理方法や時間の増やし方のヒントが必ずあるはずだ。

ここだけの話、残業するくらいなら本を1冊でも読んだほうが仕事は速くなる。

あなたの頭が良くなって仕事が速くなれば、必ず忙しさからは解放されるのだ。

勉強している人は、時間がないとは決して言わないものだ。

大人の勉強をして、忙しさから解放されよう

36

何となく人と会う時間を減らす。

私は、とにかく時間があり余っている。

毎朝起きると〝しなければならないこと〟は何もない。

その代わり、〝やりたければやってもいいこと〟だけが山のようにある。

たとえば、本書の原稿は本来明日から執筆開始して翌月までに書き上げればいいという約束になっている。

ところが、実際には本日中に原稿は仕上がる予定だから、執筆開始予定前に仕上がることになる。

どうして、いつもスタート前には仕事が終了してしまうのか。

それは、人生すべてを前倒ししているからである。

人生すべてを前倒しにしていると、どんどん前倒しで仕事が終わることになるから、〝しなければならないこと〟がなくなってしまうということなのだ。

この前倒し人生を実現させるためには、とっておきのコツがある。

それは、何となく人と会う時間を削除することだ。

私はある年を境に、原則、取材・インタビューをすべて断っているが、それは何となく人と会う時間が無駄だからである。

率直に申し上げて、取材・インタビューにやって来る人にとっては、私と直接話ができるのは価値があることかもしれないが、私にとっては何ら価値もないことがほとんどだ。

否、むしろ後味の悪さを考えると、膨大な寿命の無駄遣いになるのだ。

勉強不足でトンチカンな質問をされて、毎回同じような受け答えをするのはもう飽きた。

某在京キー局から私の書斎にやって来たスタッフたちのレベルの低さには、辟易《へきえき》させられた。

テレビ局への入社は競争率が高いと聞くから、さぞかし優秀な人材なのかと思いきや、実際は単に人材ピラミッドの真ん中付近の連中が大量に受験しているだけなのだと痛感させられた。

これまでに大量の人と会ってきたからこそ、こうした教訓を授かったのだと、今では感謝している。

「会ってください！」「打ち合わせをさせてください！」というのは、基本的にすべてハズレの人だ。

ハズレの人々はとりあえず会うのが目的であり、いったん会ってしまったらそれが彼らの実績になるから、感謝も何もないのだ。

一生懸命にアポを取ろうとするのは、それだけ相手が無能で未熟者だからである。

一生懸命にアポを取った人間ほど、実際に会ってあげると能力も人間性も低いということが判明し、後悔するのだ。

以上は、あなたが成功してから必ずぶつかる壁だから、頭の隅にでも記憶しておけばいい。

あなたにも今すぐできることは、とりあえずただ何となく人と会わないようにすることだ。

何となく人と会うのをやめるだけで、時間（寿命）の無駄遣いをしなくて済む

37

欠席するなら招待状の返事はしない。

あなたは招待状のお断りの返事をどうしているだろうか。

模範解答としては、「不参加」に○をつけて、何か一筆書いておくというものがある。

だが、もうワンランク上の断り方がある。

それは、**即処分する**というものだ。

即処分するというのは、封筒を見た瞬間に「行かない」と決断したら、そのまま開封せずにゴミ箱に直行させるということだ。

私は、ねちっこい甘酒のような人間関係ではなく、こうしたサッパリとした水のような人間関係をこの国に広めたいと本気で思っている。

よく考えてもらいたい。

どうして不参加なのに返事を出さなければならないのか。

参加する人間だけがひたすら返信をすればいいのであって、不参加の人間にわざわざ返信をさせて〝罪悪感〟を持たせるのは、何ともいやらしいとは思わないだろうか。

まともな頭脳の持ち主であれば、「参加したい人だけ○月○日までにご返信ください」と記載する。

そうすれば○月○日までに届かなかった人は、全員「不参加」の意思表示をしたことになるのだから、わざわざ催促《さいそく》の電話をかける必要もない。

お互いに手間もかからず、スムーズに進むというわけだ。

不参加の人にいやらしく返信を迫るから、返信をしない人が何か悪いことでもしている錯覚に陥るのだ。

本当は不参加の人にいちいち返信を迫る側のほうが、陰湿なのだ。

こういう話をすると、必ず「主催者の気持ちにもなってみろ！」と興奮する人が登場する。

だが、それは主催者の思い上がりというものだ。

最初から参加者だけが返信するシステムにすればいいのであって、全員が返信しなければならないという固定観念が、どこかの怪しい宗教団体の勧誘のようで気持ちが悪いのだ。

私はもう何年も前から、招待状が届いた時は封筒を一瞥《いちべつ》し、「これは行かない」と直感したら、その場でゴミ箱直行にしている。

この習慣にして良かったのは、**どうでもいい人間関係がすべてぶった切れた**ということだ。

あなたも自分に正直になって虚心坦懐《きょしんたんかい》に人脈を振り返ってみると、どうでもいい人間関係が大半ではないだろうか。

ここだけの話、どうでもいい人間関係をぶった切ると、ドカンと人生の自由時間が増える。

さらに、本書の読者に、とっておきの秘密を公開しよう。

「不参加」で律儀《りちぎ》に返信し続けるより、ガン無視し続けたほうが、畏怖の念を抱かれて一目置かれるという特典が付く。

招待状への返信をしないことで、人間関係の整理ができる

38

不快なメールは、受信拒否・自動削除設定にする。

メールがビジネスのコミュニケーションツールになって、すでに久しい。
だがこのメールで悩み、メールに時間を奪われている人はとても多い。
ひょっとしたら、あなたもそんな一人かもしれない。
そこでおススメなのは、不快なメールは受信拒否・自動削除設定にするというものだ。

私はこれをサラリーマン時代から忠実に実行してきたが、別に何も困らないどころか毎年運気が急上昇し続けた。

嘘だと思うなら、あなたも試しにやってみればいい。

最初はその勇気がないなら、「コイツならまあいいか」「この会社ならどうってことないか」という優先順位の低い人や会社から実行に移せばいい。

すぐに、あなたはその効果に驚くだろう。

なぜなら、あなたに不快なメールが届かなくなることによって、あなたの時間が急増した気分になるからだ。

不快なメールというのは、そのくらいあなたの幸せの時間を奪っていたということなのだ。

きっとそれだけで、あなたは日々充実した人生になり、仕事もはかどって出世のチャンスも巡ってくるはずだ。

出世して力を握るようになったら、ますます不快なメールをシャットアウトすればいい。

これが時間を激増させるコツなのだ。

現在の私は、毎日数えるほどしかメールが届かない。

なぜなら、1%でも不快を感じたメールは受信拒否にして自動削除機能を設定してあるからである。

一度断ったのに、「そこを何とか」と食い下がってくる連中も、即受信拒否・自動削除設定リストに直行だ。

そのリストは、随分前に数百件を超えて桁が上がった。

私に届かないメールというのは、この世に存在しないのと同じだから、何も困らないのだ。

もし本当に重要事項であれば、必ず相手は手紙を送ってくる。

あるいは、慌てて電話をかけてくるだろう。

だからメールが届かないくらいで困ることなど、何も発生しないのだ。

慣れというものは本当に恐ろしいもので、誰もがメールを送ったら自分が返信をもらえるのは当たり前と思うようになってしまった。

格上の相手は格下の相手からメールが届いても、返信なんて一切しなくてもいいのだ。

もらったメールには必ず返信しなければならないという法律はどこにもないし、受信者にとってメールの返信は義務ではなくひたすら権利なのだ。

不快なメールへの対応が、日々の充実した人生をもたらす

39

負のスパイラルを脱却したければ、勇気を持ってノロマと絶縁すること。

私は部下を一度リストラしたことがある。

重役からの間接的な指示だったが、人としては〝いいヤツ〟だけど仕事ではとにかくノロマで、さっぱり使えない人材だった。

まあリストラというのは誰もが喜んでやるものではなく、するほうもされるほうも辛いものだと思う。

「……と思う」と結んだのは、私はされた経験がないから、いい加減なことは書けないからだ。

少なくとも、する側にとっては、相当辛いということは実体験としてわかった。

今でもたまに私の夢に出てくるくらいに、トラウマになっている。

彼は結構天然で、「ひょっとしたら大丈夫かな？」と思っていたが、応接室に入って私の真剣な表情を見た途端、「これは本気だ」と察知して突然号泣した。

彼は妻子ある身だから天然を装っていただけで、本当はずっといつリストラされるかとビクビクしていたのだ。

彼は勉強熱心だったから、その後学業に専念して、見事にスキルアップして新天地で活躍しているようだから今は幸せにしているようだ。

私が独立したあとに彼とは二度ほど会って話をしたが、お互いに納得できる人生を歩めていることを確認してホッとした。

以上を踏まえた上で、私はあえて言いたい。

負のスパイラルを脱却したければ、勇気を持ってノロマとは絶縁することだ。

人にはそれぞれ人生にリズムが備わっており、人生のリズムが同じくらいの人間同士でグループを構成しているのだ。

あなたより桁違いにリズムが速い人にとって、あなたはお荷物になるし、あなたより桁違いにリズムが遅い人は、あなたのお荷物になる。

これはもはや善悪の問題を超越した、自然の摂理なのだ。

リズムの速い人は、リズムの速い人同士でチームを組むと人生が上手く回るようになっているし、リズムの遅い人は、リズムの遅い人同士でチームを組むと人生が上手く回るようになっている。

だから、必ずしもリズムが遅い人が劣っているわけでもないのだ。

先ほどの彼の場合だと、大学院でじっくりと腰を据えて研究するのには向いていたわけだ。

ただ、スピード重視のコンサル業界には向かなかったというだけの話だ。

もしあなたが、どうも人生が負のスパイラルに突入していると自覚しているのなら、きっとあなたのリズムが今いる場所に合っていないか、今いる場所に、あなたのリズムを狂わせている人物がいるからだ。

人生のリズムは変わらないことを考えれば、解決策は自ずと見えてくるだろう。

自分のリズムと合う人と仕事をしよう

40

時間を増やしたければ、時間をプレゼントすること。

あなたの時間を簡単に増やす方法がある。

それは、あなたが相手に時間のプレゼントをすればいいのだ。

時間のプレゼントと言っても、何も難しく考える必要はない。

いつも待ち合わせの場所には、相手よりも少しだけ早めに到着する。

いつも締め切りより、少し前に仕事を終わらせて渡してあげる。

好きな相手には、物のプレゼントだけではなく、ちゃんと会って時間のプレゼントをする。

あなたはすでにお気づきのように、**この世で最高のプレゼントとは時間のプレゼントなのだ。**

自分の時間を差し上げるのは、プレゼントの頂点なのだ。

そして、時間のプレゼントを習慣にしていると、必ずこんなことが起こる。

それは、相手からも時間のプレゼントが返ってくるということだ。

いつも待ち合わせの場所に相手よりも早く到着していると、相手はそのうち必ずそれに気づいて恩返ししたくなるものだ。

次は相手のほうが早く到着してあなたを待っていてくれるかもしれないし、いつも待たせてしまっているからと電車ではなくタクシーで行こうと言って、タクシー代を払ってくれるかもしれない。

いつも締め切りより前に仕事を終わらせていると、相手もそれに応えようと、スケジュールを調整してくれるかもしれないし、いつも早く仕上げてくれるからとリピーターになって、あなたの大好きな仕事をこれから先もどんどん与えてくれるかもしれない。

どんなに仕事が忙しくても好きな相手の誕生日には必ず会うようにしていると、

相手もそれに応えようと、次はあなたの誕生日により充実した時間を過ごせるように祝ってくれるかもしれないし、一生のパートナーとして付き添っていくことを誓ってくれるかもしれない。

いずれにしても、あなたが相手に時間をプレゼントしたら、相手もあなたに時間のプレゼントをしたくなるというのは自然の摂理なのだ。

だから時間を他人にプレゼントする人は、どんどん他人からも時間のプレゼントをもらえるようになるわけだ。

私は常々お金持ちよりも時間持ちになりたいと思っているが、時間のプレゼントを周囲にしまくっている結果、年々時間が増えており、結果としてお金も増えている。

お金が増えている理由は簡単で、時間がどんどん増えているために、大好きな仕事がますますできるからだ。

お金持ちになりたかったら、時間を増やすことだ。

時間を増やしたかったら、まずは自分が周囲に時間のプレゼントをすることだ。

もちろん時間は限られているのだから、八方美人にあちこちにプレゼントしてはならない。

まずはあなたが今大切にしたい人に、あなたの大切な時間をプレゼントすればいいのだ。

時間を与え続けると、あなたの時間もどんどん増える

千田琢哉著作リスト

(2016年12月現在)


『超一流の謝り方』

『自分を変える 睡眠のルール』

『ムダの片づけ方』

<ソフトバンク クリエイティブ>
『人生でいちばん差がつく20代に気づいておきたいたった1つのこと』

『本物の自信を手に入れるシンプルな生き方を教えよう。』

<ダイヤモンド社>
『出世の教科書』

<大和書房>
『20代のうちに会っておくべき35人のひと』

『30代で頭角を現す69の習慣』

『孤独になれば、道は拓ける。』

『人生を変える時間術』

『やめた人から成功する。』

<宝島社>
『死ぬまで悔いのない生き方をする45の言葉』
【共著】『20代でやっておきたい50の習慣』
『結局、仕事は気くばり』
『仕事がつらい時 元気になれる100の言葉』
『本を読んだ人だけがどんな時代も生き抜くことができる』
『本を読んだ人だけがどんな時代も稼ぐことができる』
『1秒で差がつく仕事の心得』
『仕事で「もうダメだ!」と思ったら最後に読む本』

<ディスカヴァー・トゥエンティワン>
『転職1年目の仕事術』

<徳間書店>
『一度、手に入れたら一生モノの幸運をつかむ50の習慣』

『想いがかなう、話し方』

『君は、奇跡を起こす準備ができているか。』

『非常識な休日が、人生を決める。』

<永岡書店>
『就活で君を光らせる84の言葉』

<ナナ・コーポレート・コミュニケーション>
『15歳からはじめる成功哲学』

<日本実業出版社>
『「あなたから保険に入りたい」とお客様が殺到する保険代理店』

『社長! この「直言」が聴けますか?』

『こんなコンサルタントが会社をダメにする!』

『20代の勉強力で人生の伸びしろは決まる』

『人生で大切なことは、すべて「書店」で買える。』

『ギリギリまで動けない君の背中を押す言葉』

『あなたが落ちぶれたとき手を差しのべてくれる人は、友人ではない。』

<日本文芸社>
『何となく20代を過ごしてしまった人が30代で変わるための100の言葉』

<ぱる出版>
『学校で教わらなかった20代の辞書』

『教科書に載っていなかった20代の哲学』

『30代から輝きたい人が、20代で身につけておきたい「大人の流儀」』

『不器用でも愛される「自分ブランド」を磨く50の言葉』

『人生って、それに早く気づいた者勝ちなんだ!』

『挫折を乗り越えた人だけが口癖にする言葉』

『常識を破る勇気が道をひらく』

『読書をお金に換える技術』

『人生って、早く夢中になった者勝ちなんだ!』

『人生を愉快にする!超・ロジカル思考』

『こんな大人になりたい!』

『器の大きい人は、人の見ていない時に真価を発揮する。』

<PHP研究所>
『「その他大勢のダメ社員」にならないために20代で知っておきたい100の言葉』

『もう一度会いたくなる人の仕事術』

『好きなことだけして生きていけ』

『お金と人を引き寄せる50の法則』

『人と比べないで生きていけ』

『たった1人との出逢いで人生が変わる人、10000人と出逢っても何も起きない人』

『友だちをつくるな』

『バカなのにできるやつ、賢いのにできないやつ』

『持たないヤツほど、成功する!』

『その他大勢から抜け出し、超一流になるために知っておくべきこと』

『図解「好きなこと」で夢をかなえる』

『仕事力をグーンと伸ばす20代の教科書』

<藤田聖人>
『学校は負けに行く場所。』

『偏差値30からの企画塾』

<マネジメント社>
『継続的に売れるセールスパーソンの行動特性88』

『存続社長と潰す社長』

『尊敬される保険代理店』

<三笠書房>
『「大学時代」自分のために絶対やっておきたいこと』

『人は、恋愛でこそ磨かれる』

『仕事は好かれた分だけ、お金になる。』

『1万人との対話でわかった 人生が変わる100の口ぐせ』

『30歳になるまでに、「いい人」をやめなさい!』

<リベラル社>
『人生の9割は出逢いで決まる』

『「すぐやる」力で差をつけろ』

千田琢哉著作リスト

（2016年12月現在）

＜アイバス出版＞
『一生トップで駆け抜けつづけるために20代で身につけたい勉強の技法』
『一生イノベーションを起こしつづけるビジネスパーソンになるために20代で身につけたい読書の技法』
『1日に10冊の本を読み3日で1冊の本を書く ボクのインプット＆アウトプット法』
『お金の9割は意欲とセンスだ』

＜あさ出版＞
『この悲惨な世の中でくじけないために20代で大切にしたい80のこと』
『30代で逆転する人、失速する人』
『君にはもうそんなことをしている時間は残されていない』
『あの人と一緒にいられる時間はもうそんなに長くない』
『印税で1億円稼ぐ』
『年収1,000万円に届く人、届かない人、超える人』
『いつだってマンガが人生の教科書だった』

＜朝日新聞出版＞
『仕事の答えは、すべて「童話」が教えてくれる。』

＜海竜社＞
『本音でシンプルに生きる！』
『誰よりもたくさん挑み、誰よりもたくさん負けろ！』
『一流の人生 － 人間性は仕事で磨け！』

＜学研プラス＞
『たった2分で凹みから立ち直る本』
『たった2分で、決断できる。』
『たった2分で、やる気を上げる本。』
『たった2分で、道は開ける。』
『たった2分で、自分を変える本。』
『たった2分で、自分を磨く。』
『たった2分で、夢を叶える本。』
『たった2分で、怒りを乗り越える本。』
『たった2分で、自信を手に入れる本。』
『私たちの人生の目的は終わりなき成長である』
『たった2分で、勇気を取り戻す本。』
『今日が、人生最後の日だったら。』
『たった2分で、自分を超える本。』
『現状を破壊するには、「ぬるま湯」を飛び出さなければならない。』
『人生の勝負は、朝で決まる。』
『集中力を磨くと、人生に何が起こるのか？』
『大切なことは、「好き嫌い」で決めろ！』
『20代で身につけるべき「本当の教養」を教えよう。』

＜KADOKAWA＞
『君の眠れる才能を呼び覚ます50の習慣』
『戦う君と読む33の言葉』

＜かんき出版＞
『死ぬまで仕事に困らないために20代で出逢っておきたい100の言葉』
『人生を最高に楽しむために20代で使ってはいけない100の言葉』
DVD『20代につけておかなければいけない力』
『20代で群れから抜け出すために顰蹙を買っても口にしておきたい100の言葉』
『20代の心構えが奇跡を生む【CD付き】』

＜きこ書房＞
『20代で伸びる人、沈む人』
『伸びる30代は、20代の頃より叱られる』
『仕事で悩んでいるあなたへ 経営コンサルタントから50の回答』

＜技術評論社＞
『顧客が倍増する魔法のハガキ術』

＜KKベストセラーズ＞
『20代　仕事に躓いた時に読む本』

＜廣済堂出版＞
『はじめて部下ができたときに読む本』
『「今」を変えるためにできること』
『「特別な人」と出逢うために』
『「不自由」からの脱出』
『もし君が、そのことについて悩んでいるのなら』
『その「ひと言」は、言ってはいけない』
『稼ぐ男の身のまわり』
『「振り回されない」ための60の方法』

＜実務教育出版＞
『ヒツジで終わる習慣、ライオンに変わる決断』

＜秀和システム＞
『将来の希望ゼロでもチカラがみなぎってくる63の気づき』

＜新日本保険新聞社＞
『勝つ保険代理店は、ここが違う！』

＜すばる舎＞
『今から、ふたりで「5年後のキミ」について話をしよう。』
『「どうせ変われない」とあなたが思うのは、「ありのままの自分」を受け容れたくないからだ』

＜星海社＞
『「やめること」からはじめなさい』
『「あたりまえ」からはじめなさい』
『「デキるふり」からはじめなさい』

＜青春出版社＞
『リーダーになる前に20代でインストールしておきたい大切な70のこと』

＜総合法令出版＞
『20代のうちに知っておきたい お金のルール38』
『筋トレをする人は、なぜ、仕事で結果を出せるのか？』
『お金を稼ぐ人は、なぜ、筋トレをしているのか？』
『さあ、最高の旅に出かけよう』
『超一流は、なぜ、デスクがキレイなのか？』
『超一流は、なぜ、食事にこだわるのか？』

千田《せんだ》 琢哉《たくや》

文筆家。

愛知県犬山市生まれ、岐阜県各務原市育ち。

東北大学教育学部教育学科卒。

日系損害保険会社本部、大手経営コンサルティング会社勤務を経て独立。

コンサルティング会社では多くの業種業界における大型プロジェクトのリーダーとして戦略策定からその実行支援に至るまで陣頭指揮を執る。

のべ 3,300 人のエグゼクティブと 10,000 人を超えるビジネスパーソンたちとの対話によって得た事実とそこで培った知恵を活かし、“タブーへの挑戦で、次代を創る”を自らのミッションとして執筆活動を行っている。

著書は本書で 132 冊目。

●ホームページ：http://www.senda-takuya.com/

ムダの片づけ方

2016年12月5日　初版発行

著　者　　千田 琢哉

発行者　　野村 直克
発行所　　総合法令出版株式会社
〒103-0001
東京都中央区日本橋小伝馬町15-18
ユニゾ小伝馬町ビル9階
電話　03-5623-5121(代)

印刷・製本　　中央精版印刷株式会社
 ISBN978-4-86280-530-0
落丁・乱丁本はお取替えいたします。
総合法令出版ホームページ　http://www.horei.com/

20代のうちに知っておきたい お金のルール38

千田琢哉／著　定価 1200 円＋税

20 代を中心に圧倒的な支持を得ているベストセラー著者が説く、「お金から愛される」ための大切な 38 のルール。短くてキレのある言葉にグサリと打ちのめされる読者が続出。

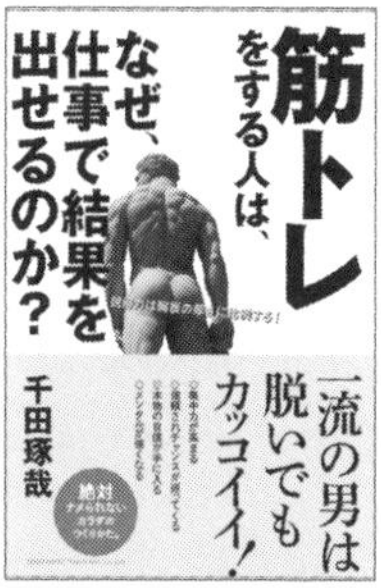

筋トレをする人は、なぜ、仕事で結果を出せるのか?

千田琢哉／著　定価 1200 円＋税

全日本学生パワーリフティング選手権大会２位の実績を持ち、体を鍛える多くのエグゼクティブたちと交流してきた著者が明かす、仕事で結果を出すための体を獲得する方法。

お金を稼ぐ人は、なぜ、筋トレをしているのか?

千田琢哉／著　定価 1200 円＋税

お金を稼ぎ続けるエグゼクティブは、体力アップがイコール収入アップにつながることがよくわかっているものだ。筋トレを通じて、肉体の進化とともに人生を飛躍させる方法。

さあ、最高の旅に出かけよう

千田琢哉／著　定価 1200 円＋税

旅をすれば誰でも、生きている実感を全身の細胞で味わうことができ､新たな自分を獲得できる。旅を通して自らを磨いてきた著者が語る、旅の素晴らしさと、旅を通して自分を変えていく方法。

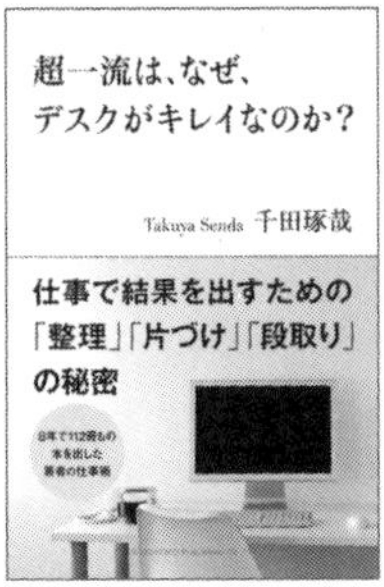

超一流は、なぜ、デスクがキレイなのか？

千田琢哉／著　定価 1200 円＋税

驚異のハイペースで圧倒的パフォーマンスを上げる著者が実践する、仕事で結果を出すための「整理」「片づけ」「段取り」の秘密。仕事に忙殺されてしまっている人は必読。

超一流は、なぜ、食事にこだわるのか？

千田琢哉／著　定価 1200 円＋税

食事を変えると人生が変わる！　多くのエグゼクティブと対話をする中で、どのようなものをいかに食べることが効果的なのかということを研究してきた著者が明かす、仕事で結果を出すための食事法。

超一流の謝り方

千田琢哉／著　定価 1200 円＋税

すべての原因を自分に求め、しっかりした謝罪ができるようになると、周囲から信頼されるようになり、出世してお金も集まってくることになる。より充実した人生を歩むための、超一流の謝り方。

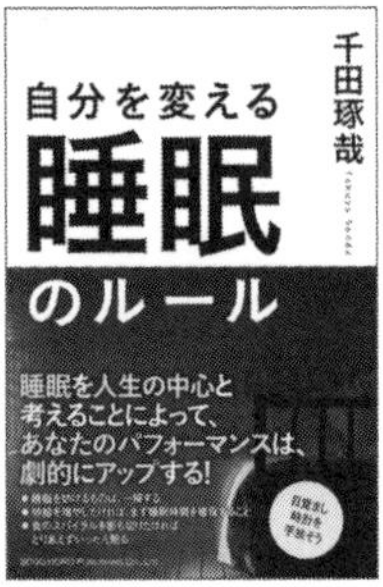

自分を変える睡眠のルール

千田琢哉／著　定価 1200 円＋税

集中力や直感力、健康な身体などは、しっかりした睡眠を取ることによってもたらされる。睡眠を人生の中心とすることによって、あなたのパフォーマンスを劇的にアップさせよう！